INTELIGÊNCIA ARTIFICIAL E SISTEMAS ESPECIALISTAS

Ao Alcance de Todos

Obra publicada em co-edição com a
SCBGG – Sociedade Cultural e Beneficente Guilherme Guinle

Série: A ERA DA INFORMÁTICA
Coordenador:
Luiz de Castro Martins

Série: Tópicos Avançados da Informática
Coordenador:
Daniel Schwabe

Capa:
AG Comunicação Visual Assessoria e Projetos Ltda.

Revisor de Texto:
Solange Ferraro de Araújo

Revisor de Provas:
André Pinheiro

Diagramação e Paginação:
Maria Lúcia de Araújo Teixeira

CIP-Brasil. Catalogação-na-fonte
Sindicato Nacional dos Editores de Livros, RJ.

Passos, Emmanuel Lopes
P32i Inteligência artificial e sistemas especialistas ao alcance de todos / Emmanuel Lopes Passos. — Rio de Janeiro: LTC — Livros Técnicos e Científicos Ed.: Sociedade Beneficente Guilherme Guinle, 1989.

(A era da informática)

Bibliografia.

1. Inteligência artificial. 2. Sistemas especialistas (Ciência da computação). I. Título. II. Série.

CDD — 001.535 CDU — 007
89-0101 001.6425 681.32

ISBN: 85-216-0650-8

Direitos reservados por:

LIVROS TÉCNICOS E CIENTÍFICOS EDITORA LTDA.

MATRIZ	FILIAL
Rua Vieira Bueno, 21 20920 — Rio de Janeiro — RJ Brasil — Telex nº 021 36909 LTCE BR Tels.: 580-6055/580-9174 Vendas: 580-9374	Av. Prof. Alfonso Bovero, 1174 Conjunto 43 — Pompéia 05019 — São Paulo — SP Tel.: (011) 263-1690

INTELIGÊNCIA ARTIFICIAL E SISTEMAS ESPECIALISTAS

Ao Alcance de Todos

Emmanuel Lopes Passos

DOUTOR EM COMPUTAÇÃO

- Diretor Técnico da TECSIS — Tecnologia de Sistemas Inteligentes
- Professor Titular e Coordenador de Pós-Graduação em Informática no IME — Instituto Militar de Engenharia

LTC

LIVROS TÉCNICOS E CIENTÍFICOS EDITORA LTDA.

Rio de Janeiro-RJ • São Paulo-SP

Apresentação

Este livro inaugura a série "Tópicos Avançados da Informática", dentro da coleção A ERA DA INFORMÁTICA. O objetivo desta série é o de atualizar profissionais da área com uma introdução aos temas mais avançados, bem como esclarecer ao público em geral quanto aos avanços da informática.

O tema deste primeiro livro é um assunto apaixonante, e, freqüentemente, controvertido: a *Inteligência*. Desde os primeiros computadores, a questão da inteligência ligada a estas máquinas tem sido tema de debates acalorados, muitas vezes com base mais em informações imaginárias do que em fatos objetivos.

Emmanuel Lopes Passos, estudioso da área desde os seus primórdios, procura, através de uma linguagem simples e direta, apresentar os conceitos fundamentais das técnicas que permitem ao computador exibir comportamentos que, às vezes, poderiam ser chamados de ''inteligentes''.

Com este intuito, após uma discussão inicial, situando a área de Inteligência Artificial (IA) dentro da Informática, o autor examina as técnicas empregadas para representação do conhecimento dentro do computador, para em seguida discutir as formas como este conhecimento pode ser manipulado. O assunto do capítulo 4 são os sistemas especialistas, que representam a parte mais aplicada das pesquisas em IA, atualmente. O livro se encerra com a apresentação dos pontos de contato entre os programas de IA e outros programas convencionais, e entre programas e usuários — as interfaces inteligentes.

A leitura deste livro trará ao leitor uma visão panorâmica desta área, desfazendo mitos comuns entre leigos (''poderá o computador substituir o ser humano?'') e despertando a curiosidade acerca dos inúmeros problemas que continuam a desafiar a nossa inteligência.

Daniel Schwabe

Prefácio

Nos tempos em que estamos vivendo, o espírito de pesquisa mostra-se mais vivo do que em qualquer outra época da história da humanidade. Atualmente, a orientação da computação, em relação às realidades do homem moderno, dirige-se para o desenvolvimento de equipamentos (hardware) e programas (software) que busquem ajudar o homem nas tarefas mais automáticas — Projeto Japonês do Computador de 5.ª geração — a fim de poder liberá-lo para tarefas mais condizentes com as características de um ser humano, que são: família, humanidade, lazer, artes — coisas que um computador não pode se dedicar.

O povo em geral está ficando cada vez mais sensível ao mundo das idéias, das descobertas em favor da humanidade e não contra elas. Até bem pouco tempo só os mais cultos tinham essa sensibilidade, que hoje se generaliza.

Este livro é uma tentativa de registrar, em linguagem breve e simples, o processo feito pelo homem nessa viagem pela Inteligência Artificial e, assim, dar resposta a essas perguntas que já se fazem: ''Pode um computador suplantar o homem, como vemos em filmes de ficção científica?''

Sendo esse assunto muito vasto, o seu tema não se esgota, certamente, nesse livro. A pretensão é a de divulgar a Inteligência Artificial para todas as camadas da população. Para que o leitor interessado possa prosseguir na área, sugerimos quatro maneiras: 1.ª) Se o leitor é autodidata poderá continuar lendo os livros sugeridos na bibliografia; 2.ª) Se o leitor é apenas um usuário, então, poderá contratar empresas especializadas na área para desenvolver software de Inteligência Artificial para sua empresa ou se utilizar de software de IA, pronto, onde o usuário poderá colocar ele mesmo o conhecimento de sua especialidade e ter um sistema especialista que o ajudará a tomar decisões mais rápidas e úteis para sua empresa; 3.ª) Se o leitor está na graduação (3.º grau) em áreas de Ciências Exatas, Matemática, Engenharia poderá estudar as disciplinas de IA, para quando chegar no 4.º grau (pós-graduação) desenvolver projetos de pesquisa e desenvolvimento em IA. Observe-se que a área de IA necessita de conhecimentos de áreas humanas, como Psicologia, Lingüística, Filosofia na construção de sistemas de ensino inteligentes; 4.ª) Se o leitor já é analista de sistemas e se interessa em ser ANALISTA DE CONHECIMENTO, poderá procurar um treinamento em IA, onde serão ministradas cadeiras de Lógica Matemática, Heurísticas, Representação do Conhecimento, Sistemas Especialistas e Interfaces Inteligentes.

Portanto, a intenção deste livro é apresentar ao leitor , que agora despertou e pede tal informação, um quadro da Inteligência Artificial de forma a conduzí-lo nessa fascinante, mas não difícil, área do futuro, do ''computador pensante''.

Resta-nos ressaltar neste prefácio o agradecimento à LTC-Livros Técnicos e Científicos Editora e à SCBGG-Sociedade Cultural Beneficiente Guilherme Guinle, por divulgarem essa área que será, no futuro, o maior mercado da Informática (veja no quadro da Introdução).

Finalmente, gostaria de agradecer às pessoas que me ajudaram a escrever este livro. São eles: meus alunos de Informática do IME — Instituto Militar de Engenharia, que são a motivação maior das minhas pesquisas, hoje, em IA; minha esposa Sonia Maria, por ter feito a primeira crítica ao texto; meus filhos Mirna e Tiago, que ficaram sem o meu tempo durante as férias de janeiro de 87/88; Antonia Oka, que digitou o texto para facilitar sua impressão, e o Prof. Luiz de Castro Martins, que pacientemente leu os originais e sugeriu cortes e mudanças para melhor compreensão do leitor.

EMMANUEL LOPES PASSOS

Introdução

O QUE É INTELIGÊNCIA ARTIFICIAL?

É o produto mais importante da história do desenvolvimento da tecnologia dos computadores desde a invenção do circuito integrado. Trata-se da última palavra na área de informática, cujos resultados de sua utilização prática já estão sendo consagrados internacionalmente.

São novas expressões, novas aplicações e possibilidades bem mais amplas no uso de computadores que tornarão antiquados, em curto prazo, grande parcela dos sistemas de processamento de dados existentes até então.

O conhecimento está para a Inteligência Artificial

assim como a informação esteve até agora para os atuais sistemas.

Atualmente, afirma-se que o conhecimento é o capital do futuro. Se você usá-lo como o recurso estratégico que ele é, seu impacto em produtividade e racionalização gerará repercussões econômicas significativas para seu empreendimento.

O QUE VÊM A SER SISTEMAS ESPECIALISTAS E ENGENHEIROS DE CONHECIMENTO (ou Analistas de Conhecimento)?

Sistemas Especialistas — SE — é uma aplicação da Inteligência Artificial — IA. São chamados assim porque contêm o conhecimento de um especialista na área de aplicação dentro de um programa.

Os Engenheiros ou (Analistas) de Conhecimento seriam, então, os analistas de sistemas em Inteligência Artificial, que juntamente com o técnico designado pela empresa usuária criariam o Sistema Especialista.

O Sistema Especialista é ferramenta fundamental para áreas como indústria, educação, medicina, comércio, finanças e jurídica, ou seja, em quase todos os segmentos onde se requer um especialista. Sua utilização destaca-se, especialmente, em **sistemas de apoio à decisão**.

As aplicações resultam em projeções, diagnósticos,

prognósticos, monitoração, simulação, manutenção, treinamento e controle.

AS APLICAÇÕES DA INTELIGÊNCIA ARTIFICIAL PARA EMPRESAS

As aplicações práticas da Inteligência Artificial para as empresas são muitas. Os produtos com IA foram desenvolvidos para ajudá-lo a racionalizar e gerenciar uma empresa, objetivando aumentar a sua produtividade, bem como colocá-lo à frente dos seus concorrentes com significativo retorno na relação custo/benefício.

Empresas especializadas em IA desenvolvem programas na área de Tecnologia do Conhecimento. São produtos e programas que colocam a sua disposição, de forma prática, toda a potencialidade da tecnologia da Inteligência Artificial, compatível com quase todos os equipamentos de processamento de dados encontrados atualmente no mercado. Essas empresas podem ajudá-lo também a construir protótipos de Sistemas Especialistas ou apoiá-lo na implantação de outros produtos de Inteligência Artificial.

QUAIS SERIAM OS USUÁRIOS DA INTELIGÊNCIA ARTIFICIAL?

A robotização, o auxílio a projetos de engenharia e o auxílio à própria programação de computadores são algumas das aplicações práticas da Inteligência Artificial. Esta tecnologia informática de vanguarda permite a criação de programas mais "inteligentes", entre os quais os Sistemas Especialistas capazes de tarefas complexas, como um diagnóstico médico ou uma decisão financeira, administrativa e comercial.

Atualmente, os grandes centros de informática — Estados Unidos da América do Norte, Japão, Europa e outros — aplicam Inteligência Artificial e Sistemas Especialistas na solução de problemas empresariais.

Nos EUA, uma empresa especializada em IA e em SE apresentou em 1985 uma lista parcial de seus clientes (67 organizações) e mais de 54 aplicações diferentes.

A GE e a WESTINGHOUSE (EUA), utilizando Inteligência Artificial, conseguiram acréscimo de 10% no seu faturamento global, segundo revistas especializadas americanas.

MERCADO MUNDIAL PARA A INTELIGÊNCIA ARTIFICIAL

A tabela a seguir apresenta uma estimativa do mercado mundial de hardware e software aplicados à Inteligência Artificial.

SEGMENTOS	**1983**	**1987**	**1990**	**crescimento**
Sistemas Especialistas	16	800	1243	86%
Processamento de Linguagens Naturais	18	190	1090	79%
Educação por Computador	7	30	100	46%
Reconhecimento de Imagem	30	230	860	60%
Reconhecimento de Voz	10	50	230	56%
Equipamentos para IA	25	200	500	54%
Mercado Total para IA	106	1500	4023	68%

Fonte: ELETRONICS NEWS 12/11/84 — Valores em US$ milhões.

Sistema de apoio à decisão

O próximo desafio dos administradores será a utilização de recursos computacionais baseados em conhecimentos, e não mais em sistemas de informações gerenciais, onde o homem estuda todas as informações e, com sua própria experiência, toma decisões.

Na década de 90, os administradores terão várias bases de conhecimento (embutidas nos sistemas especialistas) e trabalharão com DSS — Sistema de Suporte às Decisões, onde além de sua experiência, eles contarão com a experiência de outros especialistas, cujos *conhecimentos* estarão armazenados nos computadores, de acordo com as técnicas de Inteligência Artificial.

Na Inteligência Artificial estudam-se técnicas que tornam os computadores capazes de tomar decisões, de forma parecida com o ser humano. Estudam-se técnicas de: *representação de conhecimentos*, heurísticas (soluções de problemas), raciocínios lógicos e nebulosos que darão boas, mas nem sempre, soluções ótimas e linguagens especiais, para trabalhar com conhecimentos.

Ignoramos essas discussões e focalizaremos, neste livro, os potenciais reais para o uso de sistemas especialistas (SE) e sua comercialização. Falamos de uma variação dos SE chamados de Sistemas de apoio a especialistas, e da área mais ampla que engloba os dois: Sistema de Suporte às Decisões — DSS, que ajudam, mas não substituem, os homens a tomar decisões mais eficientes.

Sumário

Capítulo 1

Inteligência Artificial

1.1 O que é Inteligência Artificial (IA)?

São programas que fazem os computadores parecerem inteligentes.

O leitor perguntará então: O que é computador inteligente?

Uma resposta é: computador inteligente é aquele que responde à pergunta mesmo que a resposta não tenha sido armazenada. Isto é, com os fatos que foram armazenados e com um "conhecimento" que foi também armazenado, ele deduz uma resposta que não estava armazenada em sua memória.

Por exemplo:

Fato 1 — Mirna é filha de Sonia.

Fato 2 — Tiago é filho de Sonia.

Conhecimento 1 — Irmão ou irmã é aquele que é filho do mesmo pai ou da mesma mãe.

Pergunta 1 — Mirna é irmã de Tiago?

Resposta do Computador: SIM.

Portanto, esse computador poderá parecer inteligente pois respondeu a uma pergunta, "Mirna é irmã de Tiago?", deduzindo-a do seu conhecimento 1.

Bem, agora, todos queremos saber qual é o objetivo da IA, pois sabe-se que essa área de pesquisa, batizada de IA por John MacCarthy, tem mais de 30 anos de idade.

Os objetivos da IA são, principalmente (veja também Prefácio e Introdução), fazer máquinas e processos computacionais:

(i) mais úteis (ajudar os homens a tomar decisões mais rápidas).

(ii) com entendimentos inteligentes (as comunicações com as máquinas podem ser feitas na linguagem corrente, linguagem natural, sem que o usuário (você, leitor) tenha que aprender a linguagem do computador (ele é que aprenderá a sua, usando tecnicas de IA).

Logo se vê que IA não trata fundamentalmente de processos numéricos, como faz PD (Processamento de Dados), e sim trata com conhecimento (ser irmão é ter o mesmo pai ou mãe), que são coisas abstratas, simbólicas. Portanto, pode-se dizer que os Programas Computacionais com os quais IA está relacionada são primariamente processos simbólicos, que envolvem **complexidade** (têm de pensar para responder, não é uma resposta imediata), **incerteza** (o computador com um software de IA só responde o que ele sabe. Isto é, de acordo com o conhecimento nele armazenado e pode ter incertezas, como o conhecimento do ser humano também tem), e **ambigüidade** (como o homem ao escutar uma frase, às vezes, pode interpretar com dois sentidos diferentes, a mesma coisa pode acontecer com o computador inteligente. Por exemplo: Eu vi um homem na montanha com um binóculo. Pergunta-se: Quem estava com o binóculo, eu ou o homem?).

Esses processos simbólicos (e não numéricos) são usualmente aqueles para os quais não existem soluções algorítmicas (faça isso, depois isso e finalmente aquilo para chegar à solução), sendo necessário pesquisar a solução (pesquisas por tentativa e erro, chamadas heurísticas, são utilizadas para se chegar à solução).

Programas com IA	Programas convencionais — PD
— Primeiramente processamento simbólico	— Primeiramente processamento numérico
— Soluções heurísticas (passos da solução estão im-	— Soluções algorítmicas (passos da solução estão explícitos)
— Estrutura de controle do programa independente do domínio do conhecimento (aumentar o conhecimento não muda o programa).	— Estrutura de controle e informações integrados (mudando informação muda todo programa).
— Fácil de modificar e atualizar.	— Difícil de modificar.
— Respostas satisfatórias são aceitas.	— Só a melhor solução possível.

Quadro comparativo entre software do IA e de PD

Bem, apareceu, no quadro acima, o termo **Domínio do Conhecimento.** Precisamos saber o que é isso.

IA se baseia pesadamente sobre conhecimento. Conhecimento de algum tempo. Por exemplo, o **domínio de conhecimento** de um médico é a Medicina; o domínio de conhecimento de um eletricista é a eletricidade; o domínio de conhecimento de um vendedor é a maneira que ele tem de convencer um freguês a comprar algo que ele vende.

No quadro aparece também que uma das virtudes de IA é ter o controle do programa independente do domínio do conhecimento, pois se tratarmos de medicina, e quisermos mudar para engenharia, basta trocarmos a base do conhecimento de medicina para engenharia (atividades análogas de diagnósticos).

1.2 Elementos de IA

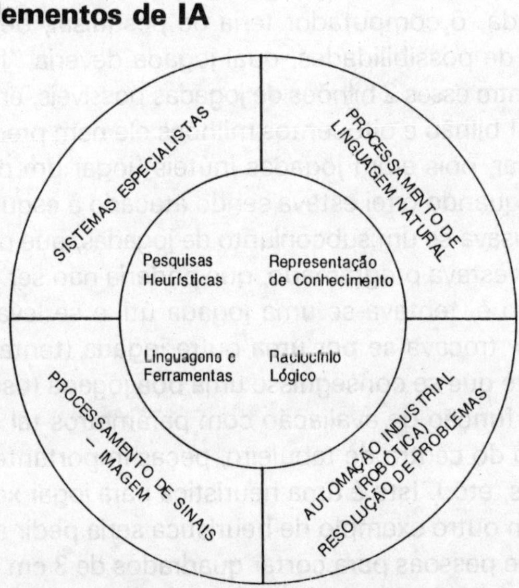

Fig. 1 — Elementos de IA.

1.2.1 O que são Pesquisas Heurísticas?

Entende-se por heurísticas, os métodos de soluções de problemas em que se usa a tentativa e o erro, isto é, tenta-se um caminho para a solução; se não der certo, tenta-se outro, até se conseguir chegar ao objetivo. Deve-se esclarecer que no início das pesquisas em IA, foi fundamental a utilização de métodos heurísticos. Por exemplo, quando se tentava jogar xadrez com o computador, verificava-se que para responder a determinada jogada, o computador teria de pesquisar, dentre 2 bilhões de possibilidades, qual jogada deveria "fazer". Mas dentre esses 2 bilhões de jogadas possíveis, em pelo menos 1 bilhão e oitocentos milhões ele nem precisaria pesquisar, pois eram jogadas inúteis (jogar um peão à direita, quando o rei estava sendo atacado à esquerda). Então, usava-se um subconjunto de jogadas, que o computador estava programado, que poderia não ser o melhor. Isto é, tentava-se uma jogada útil e se levasse a um erro, trocava-se por uma outra jogada (tentativa e erro), até que se conseguisse uma boa jogada (usando-se uma função de avaliação com parâmetros tal como domínio do centro de tabuleiro, peças importantes defendidas, etc.). Isto é uma heurística para jogar xadrez.

Um outro exemplo de heurística seria pedir a uma turma de pessoas para cortar quadrados de 3 cm de lado de uma folha de papel. Uns marcariam com lápis e régua os vários quadrados, outros dobrariam o papel e cortariam mais rapidamente. O que no fundo eles estavam fazendo era usar seus conhecimentos anteriores com habilidade (inteligência).

Em resumo, pesquisas heurísticas em IA são estudos de estratégias que encurtam o espaço-solução de um problema.

1.2.2 O que é Representação do Conhecimento?

São métodos usados para "modelar" os conhecimentos de especialistas em algum campo, de forma eficiente, e colocá-los prontos para serem acessados pelo usuário de um sistema inteligente (sistema especialista na área financeira, por exemplo).

Como conhecimento é uma entidade simbólica, a Lógica Simbólica (Lógica, simplesmente) foi uma feliz ferramenta para se representar conhecimento, pois já era estudada há séculos e vários de seus resultados são usados para manipular conhecimento. Existem outros métodos de representar conhecimento, conforme o leitor encontrará nos capítulos a seguir.

Por exemplo:

Queremos representar no computador o fato (conhecimento) a seguir,

TODO AMIGO DE PAULO É AMIGO DE JOÃO.

Esse conhecimento é representado em lógica por

(VX, amigo (X,Paulo) — amigo (X,João)).

O Capítulo 2 deste livro é dedicado à Representação do Conhecimento.

1.2.3 O que são Linguagens e Ferramentas de IA?

Sabe-se que IA trata com problemas simbólicos, abertos (sem solução já conhecida a priori) e complexos (se a solução for fácil, não é para se resolver com técnicas de IA).

As características das linguagens de IA são:

As suas estruturas de dados devem espelhar, numa maneira natural e conveniente, certas características dos elementos que o Programador de IA vê no problema. Isto é, se o conhecimento a ser manipulado (modelado) no problema tiver nas listas uma características marcante, a linguagem de programação LISP (List processing) será uma das indicadas.

Nas suas estruturas de controle essas linguagens devem ter características de multiprocessamento, coprocessamento e "demo" (que é um processo normalmente suspenso, à espera de um acontecimento, e que é ativado automaticamente na ocorrência deste).

No aspecto de ambiente de programação, as linguagens de IA devem ser bastante interativas, ter um bom editor (pode-se criar um programa rapidamente) e finalmente ter facilidades interativas de depuração (acertos no programa).

As linguagens mais usadas em IA são LISP e PROLOG, entretanto pode-se usar qualquer outra boa linguagem para se construir sistemas inteligentes. Passamos agora a dar uma rápida idéia destas linguagens.

Uma visão do LISP

A linguagem LISP (LIST PROCESSING), definida pelo matemático John McCarthy no seu artigo "RECURSIVE FUNCTIONS of SYMBOLIC EXPRESSIONS and their COMPUTATION by MACHINE", publicado em abril de 60 no CACM, teve seu primeiro manual publicado, em 1962, com o nome de "LISP 1.5 PROGRAMMER'S MANUAL".

Desde então, outros sistemas LISP vêm sendo implementados em diversos computadores, sempre baseados no LISP original de McCarthy, embora possuam diferentes implementações devido às diferenças das máquinas e avanços tecnológicos.

Os sistemas mais antigos utilizavam INTERPRETADORES para a avaliação das expressões LISP, os mais recentes compilam em códigos de máquina para realizar as suas manipulações simbólicas. Outras inovações tais como SISTEMAS COMPARTILHADOS também influenciam na evolução do LISP.

CARACTERÍSTICAS

LISP é uma linguagem incomum pelo fato de, além de ser uma linguagem matemática formal, tambér ser, com extensões, uma eficiente linguagem de programação.

Como linguagem de programação, dedica-se primordialmente ao processamento de dados "simbólicos" ao invés de numéricos.

Como linguagem matemática FORMAL, baseia-se num aspecto particular da lógica matemática conhecido como teoria das funções RECURSIVAS.

A linguagem LISP é uma linguagem do tipo préfixa onde funções precedem seus argumentos.

Exemplo: (+ A B)

Os elementos indivisíveis em LISP são chamados de átomos. Assim, listas são conjuntos de átomos e/ou listas. Uma lista contida numa outra lista é chamada sublista, logo uma lista é um conjunto de átomos e/ou sublistas.

Existem funções matemáticas que usam palavras ao invés de símbolos (+ é o mesmo que PLUS). Algumas funções constroem listas (CONS), outras fragmentam listas (CDR).

Existem MODOS de se INIBIR a avaliação de funções e MODOS de CAUSAR a sua avaliação. Existem também funções especiais denominadas FUNÇÕES PREDICADO, onde sua avaliação é verdadeiro T ou NIL (NIL é a representação de falso) e significa lista vazia ( ).

Como ilustração de programação em LISP, o leitor encontrará a seguir alguns programas escritos em MULISP-80*, que é um LISP desenvolvido pela MICROSOFT para funcionar em microcomputadores, ao lado de programas escritos em LISP 1.5, executando a mesma tarefa.

Exemplo 1 — Fatorial Recursivo

LISP 1.5	MULISP
(DEFINE (FAT N)	(PUTD FAT (QUOTE (LAMBDA
(COND ((ZEROP N) 1)	(N) (((ZEROP N) 1) (TIMES N
(T (TIMES N (FAT (SUBI N))))))	(FAT (SUB1 N)))))))

* Existe o LISPIME, para o computador COBRA-500, desenvolvido no IME, pelo autor e seus alunos.

Exemplo 2 — Fatorial não Recursivo

LISP 1.5	MULISP
DEFINE (FAT N)	(PUTD FAT (QUOTE (
A (PROG M)	LAMBDA (N)
(SETQ M 1)	(SET Q M1)
(COND ((ZEROP N) (RETURN M))	(LOOP ((ZEROP N) M)
(SETQ M (TIMES M N))	SETQ M(TIMES M N))
(SETQ N (SUB1 N))	(SETQ N (SUB1 N))))))
GO A))))	

Observe que o MULISP USA PUTD para definições de funções, LAMBDA para ligação (binding), possui a função COND implícita e a função LOOP substitui PROG, GO, RETURN e LABELS, próprios do LISP 1.5.

Existem também LIPS para micros de 16 bits, compatíveis brasileiros com PC-XT, PC-AT e supermicros baseados em chips motorola 68020 de 32 bits. Nestes são feitos trabalhos mais profissionais pois a rapidez de processamento e grande quantidade de memória são essenciais em programas de Inteligência Artificial.

Uma visão de PROLOG*

Quando sua necessidade de programação é:

1. Declarar fatos

---

*Existe o Prolog/IME para computadores de 16 bits PC'S desenvolvido no IME, pelo autor e seus alunos. Está em desenvolvimento a implantação em computadores VAX.

2. Especificar regras
3. Fazer perguntas

a linguagem PROLOG é a que melhor se adequa ao seu problema. O interpretador já tem estruturas prontas **(é um provador de teoremas** — uma pergunta é um Teorema para o PROLOG provar) para responder a sua pergunta. A resposta será função dos fatos, que você declarou como verdadeiros e do conhecimento armazenado através das regras.

FATOS expressam relações entre objetos ou indivíduos.

Exemplo 1: Um conjunto de fatos "BASE DE DADOS"
autor:-(Camões, Lusíadas).
autor:-(Emmanuel, Micros-Minis).
autor:-(Shakespeare, Hamlet).
predicado (argumento, ..., argumento).

REGRAS são assertivas da forma A se B e C e D, onde A é a CABEÇA (conclusão) da regra e B, C e D são as condições que, em conjunto, formam o corpo da regra (cauda).

Exemplo 2: Baco gosta de mulheres que gostem de vinho
gosta-de (baco,X) :-mulher (X), gosta-de (X,vinho).
Baco gosta de X se X é mulher e se X gosta de vinho

Às vezes pode ser necessário usar mais de uma regra para escrever a situação.

Exemplo 3:
O relacionamento AVÔ-NETO
avô(X,Z):-pai(X,Y), pai(Y,Z).
avó(X,Z):-pai(X,Y), mãe(Y,Z).

Nestes exemplos observe-se que "," significa o conectivo *e* e ":-" significa o conectivo **implica.**

PERGUNTAS são feitas imaginando-se que um determinado conjunto de condições são FATOS ou podem ser concluídos logicamente pela aplicação das regras sobre os fatos.

Exemplo 4: Usando a "BASE DE DADOS" do exemplo 1.
(Camões escreveu Luzíadas?)
Autor (Camões,Luzíadas)? Proiog responde "SIM"
Autor (X,Micros-Mini)? Prolog responde "Emmanuel"

PROLOG é na verdade um provador de teoremas onde os fatos e as regras correspondem a AXIOMAS e as perguntas a TEOREMAS. Usa RESOLUÇÃO para inferir novas informações juntamente com a estratégia de pesquisa em profundidade.

CONSTANTES E VARIÁVEIS

Constantes são termos básicos do PROLOG, são números inteiros ou **átomos simbólicos** (Números reais não são previstos na maioria das implementações).

Átomos são seqüências de caracteres alfanuméricos começando por uma **letra MINÚSCULA** ou qualquer outra cadeia entre apóstrofos. Ex.. (+), nome-típico, Rio de Janeiro

VARIÁVEIS

Nas linguagens de Programação, variáveis são nomes simbólicos que se referem a posições de memória que podem ter seus CONTEÚDOS alterados. NESTE ASPECTO PROLOG é mais parecido com LISP, pois as variáveis são mais receptáculos de objetos do que posições de memória.

Como não existe no PROLOG um comando de atribuição, as variáveis recebem seus valores através de um método indireto.

Exemplo: Os fatores e regras abaixo constituem uma base de dados.
pai (José,Maria).
mãe (Maria,Paulo).
Regra:-avô (X,Z) ;-pai (X,y), (pai (Y,Z); mãe (Y,Z)).
— o sinal ";" simboliza o conectivo **ou**.
Quando se faz a pergunta

avô (José,X)?

O sistema procura na base de dados um fato que a satisfaça mas não encontra. Entretanto, é possível fazer a pergunta coincidir com a CABEÇA da regra, fazendo equivaler os argumentos da pergunta aos argumentos da regra armazenada (avô(x,y).

Quando uma variável é instanciada todas as suas ocorrências na regra passam a representar o mesmo valor. No exemplo, a regra passaria a ser uma instância de

avô(José,Z) :-pai (José,Y); (pai(Y,Z); mãe (Y,Z))

as variáveis dizem-se compartilhadas. Assim se uma for instanciada a outra TAMBÉM o será, com o mesmo VALOR.

Há ocasiões em que uma variável é usada somente uma vez, seja numa pergunta ou numa regra. Nesse caso o valor da variável costuma ser irrelevante, pois ela é usada somente para possibilitar a UNIFICAÇÃO.

Por exemplo: Para se saber se "José" é avô de alguém. Pode-se perguntar

avô(José, X)

Quando isso acontece, a variável pode ser denotada e substituída por uma VARIÁVEL ANÔNIMA denotada pelo símbolo "-". Neste caso é mais eficiente que se faça a pergunta da seguinte forma:

avô(José,__)?

VARIÁVEIS ANÔNIMAS podem aparecer numa regra sem problema de conflito pois elas são instanciadas sem nenhum VALOR.

Ferramentas para a IA*

Finalmente precisamos saber que existem, o que se costuma chamar, **ferramentas** para construção de sistemas IA.

Sistemas Especialistas que é uma aplicação da tecnologia de IA se destinam à solução de problemas que englobam vasto domínio de conhecimento, isto é, requerem do elemento humano que vai solucioná-lo, um alto grau de especialização.

---

* Existe o Pater, concebido pela TECSIS.

Para se construir um sistema especialista de, por exemplo, conserto de microcomputador, nós colocamos o conhecimento do técnico em micros (especialista) em um programa (aquisição de conhecimento). Para isso nós temos que arranjar um meio de **representar esse conhecimento** no computador que adquirimos do especialista, como vemos na figura abaixo.

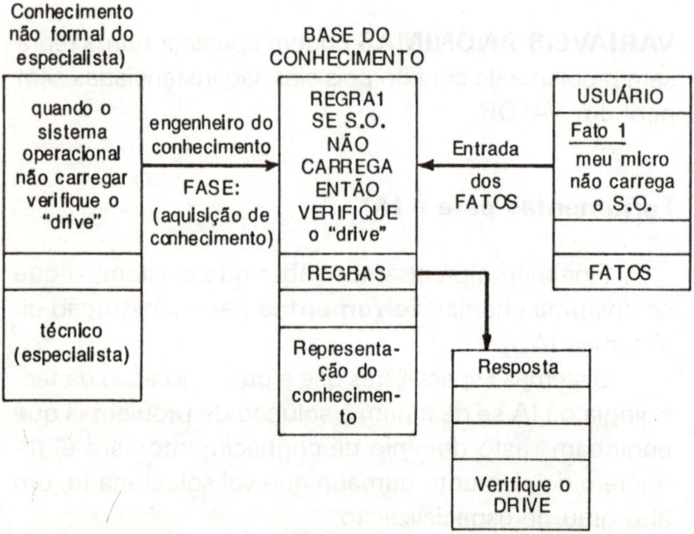

Fig. 2 — Aquisição e representação do conhecimento.

Essas ferramentas podem ser divididas em três categorias:

(i) **linguagens de programação** (que já falamos nos parágrafos anteriores).

(ii) **linguagens de engenharia do conhecimento** (ou esqueletos), que são ferramentas específicas para o desenvolvimento de sistemas especialistas. Elas no fundo são um sistema especialista em que foi removido o conhecimento específico do domínio para o qual foi construído permanecendo a máquina de inferência e as facilidades de apoio; exemplo KAS, que se originou do sistema especialista PROSPECTOR (cujo objetivo é auxiliar o homem na avaliação da existência de jazidas minerais). Um outro exemplo é a ferramenta americana à venda no Brasil, que é o EXSYS, outro é o PATER construído pela TECSIS e também à venda no Brasil.

(iii) **linguagens de auxílio** à construção de sistemas que ajudam na aquisição e representação do conhecimento do especialista no domínio específico (medicina, financeira, etc.); exemplo: **Teiresias** que foi usado na aquisição de conhecimento do MYCIN (sistema especialista que auxilia o homem no diagnóstico de infecções bacterianas).

1.2.4 O que é Raciocínio Lógico?

A pergunta que se faz aqui é: como podemos deduzir (inferir) alguma coisa de um conjunto de FATOS?

Vamos tentar explicar com uma ESTÓRIA.

Numa festa estávamos eu, Antonio e Álvaro. Antonio sabia da minha profissão e me pediu para lhe explicar o que é Raciocínio Lógico. A minha explicação foi dada com exemplo:

Perguntei ao Antonio se ele tinha um aquário em casa. Respondeu-me que sim (um fato). Então eu deduzi que dentro do aquário tinha peixe e que ele gostava de peixe. Expliquei-lhe que tinha usado um raciocínio lógico em cima do fato que me confirmou (tinha aquário em casa).

Antonio não ficou satisfeito e me pediu outro exemplo. Então eu lhe perguntei se ele era casado (um fato confirmado por ele). Novamente fiz uma série de deduções. Afirmei que ele era casado com uma mulher e que gostava de mulher, e portanto não era "gay". Ele arregalou os olhos e confirmou minhas inferências.

Logo em seguida, com a minha explicação, Antonio viu chegando seu grande amigo Àlvaro e prontamente quis lhe explicar o que era Raciocínio Lógico.

Perguntou ao Álvaro se este tinha aquário em casa. Com a resposta negativa de seu amigo (um fato: Álvaro não tinha aquário em casa), Antonio quis então deduzir, juntando os dois fatos, e saiu com sua inferência: Então, Álvaro, você é "gay".

O que podemos observar nesse caso é que devemos ter o cuidado de não se juntar domínios diferentes para se deduzir algo.

1.3 Aplicações Principais de Inteligência Artificial

Estas aplicações são, em resumo: Robótica, Visão por Computador, Processamento de Linguagem Natural, Sistemas Especialistas. A seguir discutimos brevemente cada uma.

Sistemas Especialistas: (vide 1.2.3)

Visão por Computador: É a tarefa de processar uma informação, de compreender uma cena a partir das imagens por ela projetada. Essa aplicação de IA pode ser dividida em três áreas:

(i) Processamento de Sinais (por ex.: Processamento de Imagens) — transformar uma imagem em entrada (por ex.: fotografia de uma parte da terra por satélites) em uma outra imagem que tenha certas propriedades desejadas (por ex.: saber onde tem plantação de café e se sofreu geada).

(ii) Classificação de sinais são feitas em categorias pré-determinadas. São as técnicas conhecidas da combinação de padrões.

(iii) Compreensão de sinais (dada uma imagem, constrói-se um programa de compreensão de imagens que contém uma descrição, não só da própria imagem, mas também da cena que ela retrata).

Processamento de Linguagens Naturais (LN)*

Um dos maiores objetivos de I.A. tem sido desenvolver meios para interagir com máquinas em linguagem natural (no Brasil e em Portugal é o Português).

Hoje essa comunicação é feita em linguagem computacional que tem sintaxe e semântica rígidas e limitadas mas fáceis de serem manipuladas pela máquina (por exemplo FORTRAN, COBOL, BASIC etc.) Entretanto, é difícil para a maioria das pessoas que não são da área de Informática.

Para o computador entender o Português (LN) falado e escrito é necessário colocar em seu interior "conhecimentos" do tipo: estrutura das sentenças (gramática); significado das palavras (dicionário sintático); morfologia das palavras; regras de conversação, etc.

---

* Existe o Verbo, interface de Linguagem Natural, criado pela TECSIS.

Observe que é um problema complexo; uma frase do tipo ESTÁ TUDO AZUL é difícil para o computador entender (pois pode ser ESTÁ TUDO BEM); seria necessário conhecer o contexto também.

Robótica

É uma área de IA, onde se aplica conhecimentos sobre resolução de problemas (núcleo de IA) para geração de planos (programação dos robôs para resolverem um tipo de tarefa). Por exemplo, robô que solta parte imersa da plataforma submarina (mar de 600m) da Petrobrás.

1.4 Estado da Arte em IA

O Estado da Arte em IA está se mudando rapidamente com novas companhias entrando no mercado, novas aplicações surgindo e as técnicas estudadas até hoje sendo formalizadas.

O que se vê hoje são SISTEMAS ESPECIALISTAS proliferando, com centenas de protótipos já construídos para as mais variadas aplicações.

Máquinas LISP (nos EUA já estão construindo máquinas PROLOG) cujo custo computacional está sendo reduzido. Desenvolvimento de sistemas de IA comerciais estão na moda. Numerosas interfaces de Linguagem Natural e Sistemas de Visão por Computador estão no mercado.

O Japão tem na IA sua base para os COMPUTADORES DE 5.ª GERAÇÃO e suas pesquisas no momento consomem $500 milhões num período de 10 anos (1983 a 1992).

A Inglaterra tem concentrado esforços com o programa ALVEY Tecnologia de Informação Avançada na parte de IA, onde já existem brasileiros trabalhando.

A Comunidade do Mercado Comum Europeu estabeleceu o programa de pesquisa ESPRIT — European Strategic Programme on Research in Information Technology, onde Portugal tem uma parcela das pesquisas.

A URSS tem no projeto ARRANQUE a sua estratégia para computadores de 5.ª geração.

Nos EUA o programa de pesquisa DARPA que inicialmente tinha um custo de $20 milhões anuais em pesquisas de IA, desde 1984 se expandiu dramaticamente para concorrer com o projeto de 5.ª geração japonês.

O Exército, a Marinha e a Aeronáutica dos EUA estão todos empenhados em projeto de IA (a Universidade da Pensilvânia e a Universidade do TEXAS são consideradas centros de excelência para as necessidades militares).

Doze companhias de computação americanas estão trabalhando para responder ao projeto japonês. Elas formam em Austin, Texas, o MCC (Microeletronics and Computer Technology Corp.)

O Departamento de Defesa Americano DOD financia sozinho mais de 50% das pesquisas em IA desde 1970 até os dias de hoje (com ênfase em ROBÓTICA e Compreensão de Linguagens Naturais).

ICAI

A pesquisa que hoje se faz em aplicações de I.A. na EDUCAÇÃO é em ICAI — Ensino Inteligente Auxiliado pelo Computador. ICAI tem três componentes principais.

A — conhecimento de como ENSINAR
B — conhecimento do que está sendo ENSINADO
C — conhecimento de quem está sendo ENSINADO

Em (C) é estudado COMO o estudante modela (aprende).

INTELIGÊNCIA ARTIFICIAL NO BRASIL

O Brasil está dando os primeiros passos em IA, apesar de existir no Brasil pesquisadores em IA desde 1970. Em prova automática de teoremas, a tese de mestrado em 1971, PASSOS — PUC/RJ, pode ser considerada pioneira no Brasil, mas não a única.

A primeira fase de formação de uma massa crítica em Inteligência Artificial no Brasil começou com o 1º Encontro de Pesquisadores em IA, em abril de 84, no IME e em julho nos cursos oferecidos pela SBC no SEMISH e SECOMU, onde mais de 200 estudantes de graduação em computação (Informática) tiveram um curso introdutório. A SBC patrocinou em Porto Alegre — RS em outubro de 84, o 1º Simpósio Brasileiro de IA nas Universidades. Em 1985 foi no INPE — SP. Em 1986 foi no IME — RJ. Em 1987 em Uberlândia — MG. Em 1988 no Rio Grande do Norte (Natal). Em 1989 será no Rio de Janeiro, PUC. A Embratel tem um grupol de IA, o SERPRO também entrou nesse mercado para usar software de IA no dia-a-dia da Empresa, a IBM e a UNISYS (Dataprev, Embrapa, Fepasa, Burroughs, Sperry) já atuam em IA há algum tempo.

As grandes universidades do Brasil fazem pesquisas e desenvolvimento em IA, como IME/RJ, PUC/RJ, UFPb, UFRGS, UFF, UFU e ITA.

O Brasil está começando um convênio com a Argentina e Portugal na área de Inteligência Artificial.

Em 1986 começaram a florescer empresas especializadas em Sistemas Inteligentes, como a TECSIS.

Capítulo 2

Representação do Conhecimento — RC

2.1 Introdução

Já vimos, até aqui, que IA envolve a construção de programas capazes de realizar tarefas tais como conversar em linguagem natural (Português), planejar, jogar xadrez (ou outros jogos inteligentes), analisar estruturas moleculares, fazer diagnósticos (médicos, mecânicos, eletrônicos), analisar investimentos, etc.

A primeira questão é: **"Que espécie de conhecimento está envolvido**?"

É necessário um conhecimento especializado? Quais as principais idéias envolvidas nesse conhecimento? Como esse conhecimento é melhor representado?

Essas questões são necessárias, pois precisamos de uma representação completa, concisa, transparente e computacionalmente eficiente para ser tratada pelo **motor de inferência.**

A representação é um conjunto de convenções sintáticas e semânticas que nos possibilitam descrever coisas.

A representação sintática especifica os símbolos que podem ser usados e as maneiras como aqueles símbolos podem ser arranjados.

A representação semântica especifica que significado está incorporado naqueles símbolos representados pela sintaxe.

Por exemplo: as Linguagens de Programação (LP) são representações para **procedimentos** (para solução de algum problema específico — p. ex. folha de pagamento). Elas têm sintaxe e semântica. A **sintaxe** de uma LP é, normalmente, especificada pela BNF (Backus-Naur-Form). São regras de escrita da LP a palavra PRINT (imprimir), por exemplo, é seguida de um espaço em branco e da variável que será impressa. A **semântica** é especificada por uma descrição de como construções sintáticas particulares são usadas para se obter algo. No nosso exemplo, PRINT X, busca o conteúdo do variável X e coloca na saída para o vídeo do computador. Você, leitor, pode pensar em outro exemplo, bem próximo de você, que é a nossa Língua Portuguesa.

Portanto, caro leitor, RC envolve uma combinação

de estruturas de dados — ED (parte sintática) e procedimento interpretativo (parte semântica).

2.2 Principais Caracterizações da RC Usadas em IA

Para se saber qual melhor modelo de RC, considera-se o uso final do CONHECIMENTO, que pode ser:

(i) adquirir mais conhecimento;
(ii) recuperar conhecimento;
(iii) "Raciocinar" sobre esse conhecimento para se obter a SOLUÇÃO.

Podemos caracterizar as RC usadas em IA como:

— Representação por Lógica Matemática
— Representação por Regras de produção
— Representação por Redes Semânticas
— Representação por quadros e roteiros (frames e scripts)

2.2.1 Representação por Lógica Matemática

2.2.1.1 Lógica Proposicional

A Lógica, que é o estudo matemático e filosófico mais antigo sobre a natureza do raciocínio e do CONHE-

CIMENTO, foi um dos primeiros esquemas de representação usados em IA.

A forma mais simples de lógica é a **lógica proposicional**. Nela as expressões são chamadas de proposições que podem tomar dois valores possíveis: FALSO ou VERDADEIRO. Por exemplo, as expressões "O carro do Tiago é azul" e "Ademar é o tio da Mirna" são proposições. Se existir uma pessoa chamada Tiago e que possua um carro de cor azul, então a primeira proposição é verdadeira.

As proposições simples podem ser combinadas através de conectores lógicos para formar proposições compostas. Existem cinco conectores lógicos: "E", "OU", "NÃO", "IMPLICA" e "EQUIVALÊNCIA"; os seus símbolos são "&", "V", "¬", "⇒" e "⇔" respectivamente.

Exemplo do uso da lógica proposicional — Zico e Pelé (adaptado de CASANOVA e outros)

Considere a seguinte descrição (que usaremos no capítulo seguinte também):

"Suponhamos que Zico está em tal situação que ele estaria disposto a visitar Pelé, só se Pelé estivesse disposto a visitá-lo; e que Pelé está em tal situação que ele não estaria disposto a visitar Zico, se Zico estivesse disposto a visitá-lo, mas estaria disposto a visitar Zico, se Zico não tivesse disposto a visitá-lo.

Suponha que usaremos os símbolos proporcionais A e B para **representar os conhecimentos**:

A – "Zico está disposto a visitar Pelé"
B – "Pelé está disposto a visitar Zico".

A descrição anterior seria representada nos seguintes fatos:

Zico: (B ⇒ A) (se Pelé está a fim, então Zico também está).

Pelé: (A ⇒ ¬B) & (¬A ⇒ B) (se Zico está a fim, então Pelé não está a fim e se Zico não está a fim, então Pelé está).

Ou seja, estas duas fórmulas axiomatizam (através dos dois fatos Zico e Pelé) em Lógica Proposicional (ou Sentencial) o nosso CONHECIMENTO acerca do estado de espírito desses dois famosos jogadores.

2.2.1.2 Lógica dos Predicados ou Lógica de 1.ª Ordem

Entretanto, para os propósitos da IA, a lógica de proposições não é muito útil. Para podermos representar apropriadamente nosso conhecimento do mundo com algum formalismo, devemos poder expressar não somente proposições **verdadeiras** — **V** ou **falsas** — **F**, mas também expressar ou descrever objetos e generalizações sobre classes de objetos. A lógica de predicados satisfaz esses objetivos.

A maior vantagem dessa forma de representação é a facilidade de manipular e deduzir novos fatos a partir de fatos já conhecidos. A maior desvantagem dessa representação é a dificuldade para determinar quais fatos podem ser relevantes durante um processo ou não.

Exemplo do uso da lógica de 1.ª ordem (lógica dos predicados)

Considere as seguintes frases (conhecimento) e sua representação:

1) "Todo amigo de Paulo é amigo de Estevão".
$\forall x$, amigo (x,Paulo) $\Rightarrow$ amigo (x,Estevão)

2) Um dicionário de programas e arquivos (extraído de Casanova e outros).

A — Descrição do problema

Considere um dicionário simples contendo os programas e arquivos usados em um determinado sistema.

Cada programa possui como atributo apenas a linguagem de programação em que foi escrito e cada arquivo apenas o tipo de organização física. O dicionário mantém ainda os arquivos usados e os programas chamados por cada programa.

B – Alfabeto do dicionário

Usaremos estes símbolos com o seguinte significado:

– consoantes: possíveis nomes de programas, arquivos, linguagens de programação e métodos de organização de arquivos.
– programa (n,m): n é o nome do programa escrito na linguagem m.
– arquivo (n,m): n é o nome do arquivo cuja organização é m.
– chama (n,m): o programa n chama o programa m.
– usa (n,m): o programa n usa o arquivo m.
– depende (n,m): o programa n usa ou chama direta ou indiretamente m.

C – Estados do dicionário

O alfabeto descrito em B) descreve a organização lógica do dicionário descrito em A) mas deixa em aberto que restrições os dados deverão satisfazer para refletir uma configuração possível da aplicação. Exemplos de restrições são: dois programas não podem ter o mesmo nome, ou, se n chama m, ambos devem ser programas cadastrados. Um estado do dicionário que satisfaz a todas as restrições é chamado de *consistente.*

Agora, para completar a descrição do dicionário, vamos descrever as restrições desejadas, primeiro dando o enunciado informal e em seguida a **representação do conhecimento** desse enunciado, usando a lógica de 1.ª ordem.

Restrição 1: ''As únicas linguagens de programação admitidas no momento são FORTRAN, COBOL, PASCAL, PROLOG e LISP''.

P1 Vx. Vy (programa (x,y) ⇒(y= fortran v y=cobol v y =pascal v y=prolog v y=lisp))

Restrição 2: ''Todo programa é escrito em uma única linguagem''.

P2 Vx Vy Vz (programa (x,y) & programa (x,z)⇒y=z)

Restrição 3: ''As únicas organizações de arquivo admitidas no momento são SEQÜENCIAL, DIRETA E INDEXADA''.

A1 vx vy (arquivo (x,y) ⇒
(y=seqüencial v y=direta
v y=indexada))

Restrição 4: "Todo arquivo possui uma única organização física".

A2 Vx Vy Vz (arquivo (x,y) & arquivo (x,z)
⇒ y=z)

Restrição 5: "Se x chama y então x e y são programas cadastrados no dicionário".

C1 Vx Vy (chama (x,y) ⇒
(∀z(programa (x,z)) & ∀w(programa (y,w))))

Restrição 6: "Se x usa y então é um programa e y é um arquivo cadastrado no dicionário".

C2 Vx Vy (usa (x,y) ⇒
(∀w(programa (x,y) & arquivo (y,w))))

Restrição 7: "Se x chama y então x depende de y".

D1 Vx Vy (chama (x,y) ⇒ depende (x,y))

Restrição 8: "Se x usa y então x depende de y".

D2 Vx Vy (usa (x,y) ⇒ depende (x,y))

Restrição 9: "Se x depende de z e z depende de y então x depende de y".

D3 Vx Vy Vz (depende (x,z) & (x,y) ⇒ depende (x,y) ⇒ depende (x,y))

Portanto, com esses exemplos, verificamos como passar de uma descrição de um problema para representação em Lógica. Essa representação será usada pelo motor de inferência para fazer suas deduções lógicas. E esse motor de inferência usará conhecimentos dedutivos da Lógica, como Resolução, Modus Ponens etc. Veremos isso no próximo capítulo.

2.2.2 Regras de Produção

Essa segunda maneira de representar conhecimento é a mais utilizada nos diversos SE's existentes no mercado mundial.

Neste esquema, os conhecimentos são representadas através de pares **CONDIÇÃO-AÇÃO.** As regras (base de conhecimento) têm duas partes:

Uma antecedente (''se'') e outra conseqüente (''então'').

Por exemplo: SE de Astronomia

Regra N
(se) o corpo perde energia de rotação (então)
o período aumenta.

Durante a execução do sistema, se a parte esquerda de uma produção for satisfeita, ela pode disparar, isto é, a ação indicada pelo lado direito pode disparar.

Por exemplo: Um Sistema Especialista para diagnóstico de reparo de uma caixa de mudança de um carro de combate.

Regra M

(se) a viatura não faz a curva e a pressão do óleo da embreagem da direção é normal (então) há avaria no sistema de embreagem da direção.

Regra M+1

(se) há avaria no sistema de embreagem da direção e o ruído de acionamento das embreagens é normal (então) há avaria nos discos de embreagem da direção.

Há duas maneiras pelas quais as regras podem ser deduzidas em um sistema baseado em RC por regras: um é chamado **encadeamento para frente** (ou dirigido para o dado) e outro é chamado **encadeamento para trás** (ou dirigido para o objetivo).

O primeiro é um método de inferência (de dedução) que começa com o conhecimento inicial (dados, fatos) e aplica as regras para gerar um novo conhecimento, até que tenha chegado a uma solução para o problema ou nenhuma inferência adicional possa ser feita. Neste método, aplicar uma regra significa comparar os fatos conhecidos com as condições especificadas em sua parte (se); se as condições são verificadas verdadeiras, então pode ter sido gerado um fato novo constante da conclusão (então).

O segundo método de inferência, encadeamento para trás, começa com o objetivo que se quer provar e que é recursivamente particionada em subobjetivos mais simples, até que uma solução é encontrada ou todos os objetivos foram particionados em seus componentes mais simples. Neste método a aplicação de uma regra consiste em comparar sua conclusão, que contém o que se quer PROVAR, com os fatos conhecidos; se o fato não é conhecido, repete-se o procedimento com outras regras que contenham na conclusão (parte então) e as condições (parte se) da regra anterior, cuja conclusão ainda não foi verificada.

Vimos, com os exemplos, que a estrutura das regras de produção é muito parecida com o modo das pessoas falarem sobre como resolvem seus problemas. Talvez seja esse o motivo da utilização, em escala muito grande, da representação de conhecimento por Regras de Produção nos Se's para microcomputadores, como é o caso do PATER.

Exemplo da utilização de um SE com a Base de Conhecimento em REGRAS

REGRA 1

SE: Um indício do mau funcionamento da caixa de câmbio CD-500 é desconhecido.

ENTÃO: O DIAGNÓSTICO para a caixa CD-500 não pode ser feito. Solicite informação e/ou submeta a caixa CD-500 ao teste de bancada.

REGRA 2

SE: Um indício de mau funcionamento da caixa CD-500 é que a viatura não faz curva

e A pressão de óleo da linha de aplicação da embreagem da direção é anormal

ENTÃO: O DIAGNÓSTICO para a caixa CD-500 é avaria nas engrenagens do diferencial da direção.

REGRA 3

SE: Um indício de mau funcionamento da caixa CD-500 é que a viatura não faz curva e A pressão de óleo da linha de aplicação da embreagem da direção é normal

e O ruído de engrenagens é normal

ENTÃO: O DIAGNÓSTICO para a caixa CD-500 é avaria nas engrenagens do diferencial da direção.

REGRA 4

SE: Um DIAGNÓSTICO PARCIAL para a Caixa CD-500 é avaria no sistema de embreagens da direção

e O ruído de acionamento das embreagens é normal

ENTÃO: O DIAGNÓSTICO para a caixa CD-500 é avaria nos discos de embreagens da direção.

REGRA 5

SE: Um DIAGNÓSTICO PARCIAL para a caixa CD-500 é avaria no sistema de embreagens da direção

e O ruído de acionamento das embreagens é anormal

ENTÃO: O DIAGNÓSTICO para a caixa CD-500 é obstrução no circuito hidráulico entre o ponto de tomada de pressão da linha de aplicação das embreagens e os discos de embreagem.

REGRA 6

SE Um indício do mau funcionamento da caixa CD-500 é que a viatura não faz curva

e A pressão de óleo da linha de aplicação da embreagem da direção é anormal

ENTÃO: Um DIAGNÓSTICO PARCIAL para a caixa CD-500 é avaria no sistema hidráulico da direção.

''

''

''

''

REGRA 49

SE: Um indício do mau funcionamento da caixa CD-500 é que a viatura não funciona em marcha à ré e A pressão de óleo da linha de aplicação de marcha à ré é normal

ENTÃO: O DIAGNÓSTICO para a caixa CD-500 é avaria nos discos de embreagem de marcha à ré.

REGRA 50

SE: Um indício do mau funcionamento da caixa CD-500 é que a viatura não funciona em marcha à ré

e A pressão de óleo da linha de aplicação de marcha à ré é normal

ENTÃO: O DIAGNÓSTICO para a caixa CD-500 é vazamento na linha de aplicação de marcha à ré.

REGRA 51

SE: Um indício do mau funcionamento da caixa CD-500 é que a viatura puxa para um lado em linha reta

e Lagartas desreguladas é uma hipótese eliminada

e O teste de regulagem dos freios é positivo

ENTÃO: O DIAGNÓSTICO para a caixa CD-500 é freios desregulados.

2.2.3 Redes Semânticas

A representação de conhecimento, através de redes semânticas, é uma tentativa de simular o modelo psicológico de memória associativa humana. Ela modela o conhecimento como um conjunto de pontos chamados **nós ou nodos**, conectados por ligações chamados **arcos** que descrevem as relações entre os nós. Por exemplo, para representar "Todo carro **é um** veículo" temos:

e para representar "Todo carro tem rodas e um veículo é um meio de transporte" temos:

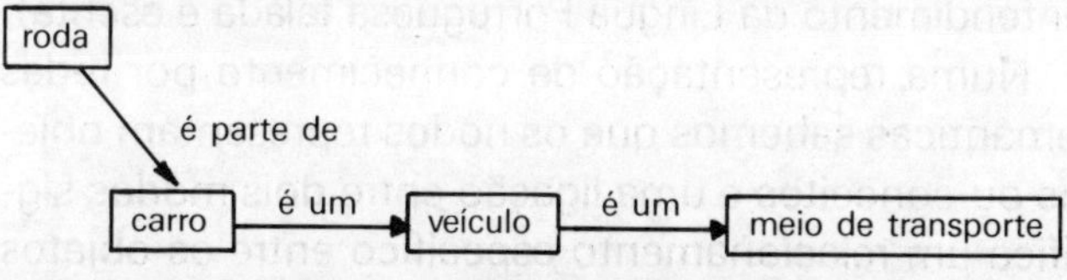

Fig. 3 — Redes semânticas.

Os nós representam objetos, conceitos ou eventos. Os arcos em geral dependem da espécie de conhecimento que está sendo representado; por exemplo, é-um e é-parte são arcos para representar hierarquias entre objetos. A Fig. 3 apresenta uma rede semântica para o conceito **viatura.**

Uma característica-chave da representação de rede semântica é que importantes associações podem ser feitas explicitamente e sucintamente. Fatos importantes sobre um objeto ou conceito podem ser deduzidos dos nós aos quais eles estão ligados diretamente, sem uma pesquisa no contexto.

A interpretação semântica das estruturas da rede depende somente do programa que as manipulem. Não existe nenhuma convenção sobre seus significados. Inferências tiradas pela manipulação da rede só são seguramente válidas, na representação baseada em lógica.

Rede semântica é uma forma de representação de conhecimento muito usada nas pesquisas de IA relacionadas com Processamento de Linguagem Natural (entendimento da Língua Portuguesa falada e escrita).

Numa representação de conhecimento por redes semânticas sabemos que os nodos representam objetos ou conceitos e uma ligação entre dois modos significa um relacionamento específico entre os objetos (ou conceitos) correspondentes. Também sabemos que

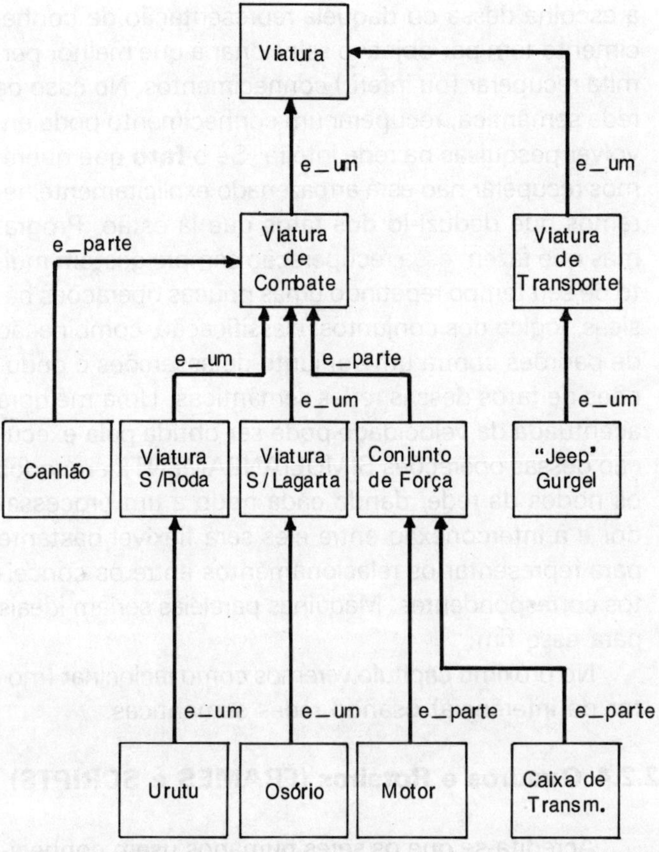

Fig. 4 – Parcela de uma rede semântica para o conceito viatura.

a escolha dessa ou daquela representação de conhecimento tem por objetivo selecionar a que melhor permita recuperar (ou inferir) conhecimentos. No caso de rede semântica, recuperar um conhecimento pode envolver pesquisas na rede inteira. Se o **fato** que queremos recuperar não está armazenado explicitamente, teremos que deduzi-lo dos fatos que lá estão. Programas que fazem essa recuperação sempre gastam muito de seu tempo repetindo umas poucas operações básicas, lógica dos conjuntos, classificação, combinação de padrões contra um conjunto de asserções e deduções de fatos dessas redes semânticas. Uma melhora acentuada da velocidade pode ser obtida pela execução dessas operações SIMULTANEAMENTE em todos os nodos da rede, dando cada nodo a um processador e a interconexão entre eles será flexível bastante para representar os relacionamentos entre os conceitos correspondentes. Máquinas paralelas seriam ideais para esse fim.

No próximo capítulo veremos como raciocinar (motor de inferência) usando redes semânticas.

2.2.4 Quadros e Roteiros (FRAMES e SCRIPTS)

Acredita-se que os seres humanos usem conhecimentos adquiridos em experiências prévias ao interpretar situações novas; certos objetos e seqüências (quando vou a um campo de futebol que nunca fui antes, já conheço os "quadros" do que vou presenciar — lugares para assistir ao jogo, balizas, etc. — e já conheço o "roteiro" de uma partida de futebol — devem entrar em campo os jogadores, os árbitros, os repórteres que fazem entrevistas e depois começa o jogo — expectativas que são construídas em sua mente. Em IA, esse tipo de **conhecimento** tem sido representado através de **quadro e roteiros.**

A atividade cognitiva do ser humano, que usa experiências anteriores para interpretar nova situação, seleciona da memória uma estrutura, chamada QUADRO, que será adaptada à nova situação, pela mudança de detalhes, quando necessário. Trata-se da terceira maneira de representar conhecimento e que passamos a explicar.

Um quadro é uma estrutura de dados para representar um conceito ou uma situação estereotipada, como entrar em uma sala de estar ou ir a uma festa de aniversário de uma criança. Junto a cada quadro existem vários tipos de informações. Algumas destas informações são sobre como usar o quadro, outras sobre o que se pode esperar que aconteça a seguir e ainda sobre o que fazer se estas expectativas não forem confirmadas. O mecanismo representacional que possibilita o tipo de raciocínio baseado em expectativas é o campo, o local onde o conhecimento ajusta-se ao contexto criado pelo quadro. Por exemplo, um simples quadro para o conceito genérico de um estádio de futebol deve ter campos para o proprietário, para a capacidade de público e para outras características, conforme o esquema a seguir:

Exemplo 1

Quadro Estádio de Futebol
Nome: um "string"
Proprietário: PARTICULAR, ESTADO
Capacidade de Público: um inteiro
Dimensões_do_Campo: OFICIAL, REDUZIDA
Iluminação_Artificial: BOA, REGULAR, INADEQUADA
Seqüência_de_Eventos: Roteiro Assistir_ao_Jogo

Um quadro para um determinado estádio de futebol tem os mesmos campos (eles são herdados do quadro genérico) mas seus conteúdos são especificados. Por exemplo, o quadro para o estádio do Maracanã seria:

QUADRO Estádio_de_Futebol
Nome: MARACANÃ (Mário Filho)
Proprietário: ESTADO DO RIO DE JANEIRO

Capacidade__de__Público: 200.000
Dimensões__do__Campo: OFICIAL
Iluminação__Artificial: BOA
Seqüência__de__Eventos: ROTEIRO Assistir __ao__ Jogo

Como indicado no campo Seqüência__de__Eventos, os conhecimentos sobre o que tipicamente acontece em um estádio de futebol podem ser representados em um roteiro como exemplificado a seguir:

Roteiro AssistiraoJogo
Seqüência__de__Eventos
Inicialmente: Roteiro comprar__Ingresso
então : se (portões abertos ou portões fechados
: então Roteiro Acesso às Dependências
então : Roteiro Procurar Local de Visão
então : Roteiro Assistir Disputa em Campo
então : Roteiro Deixar Estádio de Futebol

Exemplo 2

Roteiro COMER__NUM__RESTAURANTE

Objetos: (Restaurante, Dinheiro, Comida, Mesas, Cadeiras)
Papéis : (Pessoas-com-fome, Pessoas-que-atendem, pessoas-que-conzinham)
Ponto de vistaPessoas-com-fome
Tempo de Ocorrência : (Horário de operação do Restaurante)
Local de Ocorrência (Endereço do Restaurante).

Seqüência de eventos

Inicialmente: Roteiro ENTRAR_NO_RESTAURANTE
depois: se (Aviso_de_espera ou Reservas)
então Roteiro CHAMAR_ATENÇÃO_DO_MAITRE
depois: Roteiro POR-FAVOR-SENTE-SE
depois: Roteiro PEDIR-COMIDA
depois: Roteiro COMER a não ser que (longa-espera) então Roteiro SAIR-ZANGADO-DO-RESTAURANTE

depois se (Qualidade-da-comida melhor que suportável)
então Roteiro CUMPRIMENTOS-AO-CHEFE
depois: Roteiro PAGAR
finalmente Roteiro SAIR-DO-RESTAURANTE

A RC feita por **quadros e roteiros** é apropriada na interpretação de uma seqüência específica observada e é útil para prever a ocorrência de certos acontecimentos que não foram mencionados acontecimentos. Além disso serve para indicar como os acontecimentos mencionados se relacionam entre si.

Uma característica deste tipo de RC é que cada campo pode ter qualquer número de procedimentos associados a ele. Os mais usuais são:

- Procedimentos SE-ACR (ou se-acrescentando ou "if-added"). Este procedimento executa alguma ação quando uma informação nova é acrescentada ao campo.
- procedimento SE-REM (ou se-removido). Este procedimento executa alguma ação quando informação é removida do campo.
- Procedimento SE-NEC (ou se-necessitado). Este procedimento executa alguma tarefa com a finalidade

de buscar informação quando informação é necessária no campo, mas o campo está vazio.

Quadros podem ser organizados como uma rede semântica, isto é, uma rede de nós e relações organizados em hierarquia, onde os nós superiores (nós pais) representam conceitos gerais e os inferiores exemplos mais específicos desses conceitos. Em um sistema de representação de conhecimento usando quadros o conceito de cada nó é definido pela coleção de atributos (nomes, cores) e pelos valores desses atributos (Silva, verde), onde os atributos são chamados campos (slots). Cada campo pode ter procedimentos associados que são executados segundo os procedimentos acima.

Esses procedimentos associados podem ''monitorar'' a atribuição de informação ao nó, assegurando que a ação apropriada é realizada quando os valores mudam.

Os sistemas de quadros são úteis para domínio de problema onde a forma e o conteúdo do dado desempenham um papel importante na solução do problema, tais como interpretação visual de cenas ou entendimento de fala.

Capítulo 3

Motor de Inferência

3.1 Introdução

Um problema central na pesquisa de IA é o de como fazer para que os computadores tirem **conclusões automaticamente** a partir de fatos conhecidos. Os primeiros trabalhos desta área foram orientados para resolução geral de problemas — GPS (um conjunto de paradigmas para resolver problemas exibindo recursividade, controle centrado na ação e controle centrado no objeto), e para prova automática de teoremas que o autor deste livro, pesquisa desde 1970[20]. Esses tipos de programas são chamados de IA pois exibem heurísticas gerais de solucionar problemas.

Posteriormente foi usado o método de **Resolução** proposto por Robinson, onde os problemas são descritos através da Lógica de 1ª ordem e as soluções eram deduzidas através de um procedimento geral de provas. Neste caso tem-se que tentar controlar o **espaço solução** gerado pelo método de **Resolução** que cresce exponencialmente com o número de fórmulas (axiomas e teoremas da teoria) usadas para descrever o problema. Algumas heurísticas (atalhos) são necessárias para encurtar o **espaço solução.**

3.1.1 Princípio da Resolução

Existem três problemas básicos envolvidos ao se suprir computadores de capacidades dedutivas:

(i) achar representações (de conhecimento) adequadas para fatos e relações;
(ii) achar regras de inferências adequadas para manipularmos esses fatos e essas relações, e
(iii) aprimorar as regras para produzir programas eficientes que possam achar provas numa quantidade razoável de tempo e memória.

Como representação adequada usamos a linguagem da Lógica de 1ª ordem, como regra de inferência, usamos RESOLUÇÃO e finalmente para aprimorarmos as regras, usamos os **refinamentos da Resolução.**

Por exemplo: Resolver (usar a regra de inferência-resolução) as duas cláusulas seguintes $p \vee r$ e $q \vee \neg r$ é encontrar uma terceira cláusula chamada resolvente p v q.

A regra de inferência resolução foi projetada especificamente para uso em computadores. É uma generalização da regra lógica "de a ⇒ b e b ⇒ c deduz-se que a ⇒ c". Vejamos isso de forma intuitiva.

a ⇒ b significa ¬a v b
b ⇒ c significa ¬b v c

Temos que b é uma afirmação e ¬b é a negação dessa afirmação; portanto, tê-los juntos é uma inconsistência. Logo retiramos ambos e ficamos com ¬a v c que sabemos significar a ⇒ c. (Lembrar ao leitor que é só uma noção intuitiva.)

O princípio da Resolução é essencialmente uma extensão da regra para um literal, de Davis and Putnam encontrada em [3].

Uma definição necessária para essa anulação de uma afirmação P com a negação ¬P é de par complementar.

Definição

Se A é um átomo, então dois literais A e ¬A são ditos seres complementares e o conjunto (A, ¬A) é chamado par complementar.

As árvores abaixo se reduziriam a um ponto se cortássemos seus pares complementares

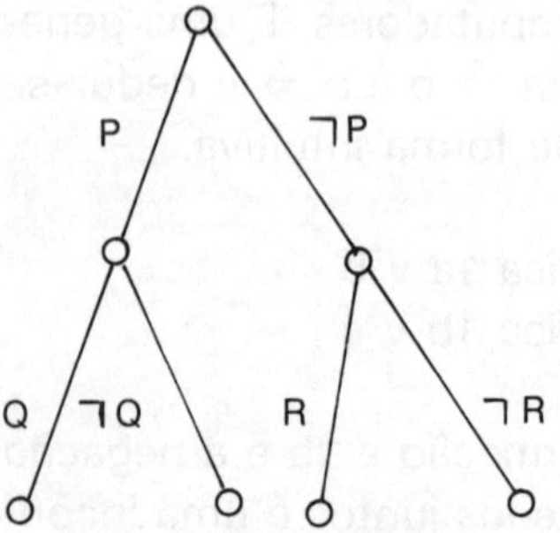

Fig. 5.a — Sem variáveis.

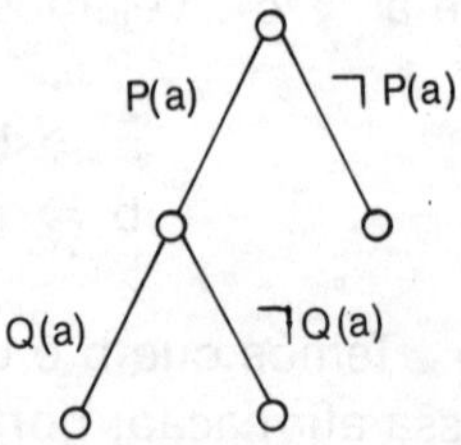

Fig. 5.b — Com variáveis.

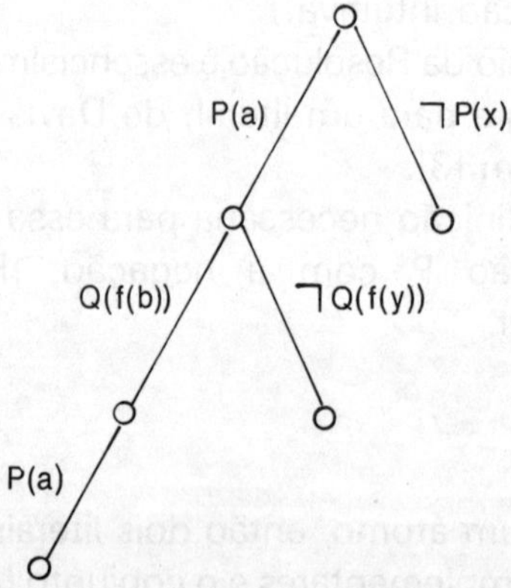

Fig. 6 — Sem unificar.

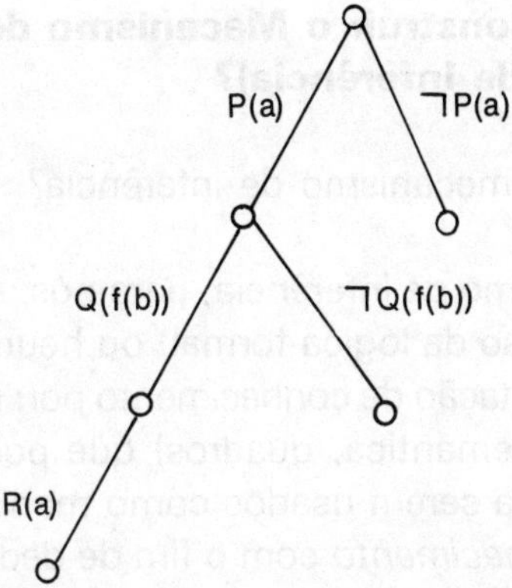

Fig. 7 — Unificado (o processo está descrito em [3]).

Quando existirem variáveis diferentes, temos que unificá-las, para então reduzirmos seus pares complementares.

Agora podemos usar Resolução na Fig. 7. Lembrando sempre que Resolução é uma regra de inferência usada na linguagem PROLOG.

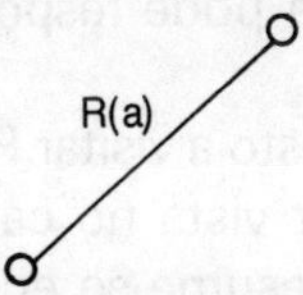

Na próxima seção desenvolveremos essa idéia, que aqui foi mais de ordem intuitiva.

3.2 Como Construir o Mecanismo de Inferência (Motor de Inferência)?

O que é mecanismo de inferência?

Mecanismo de inferência, para nós, é um método formal (no caso da lógica formal) ou heurístico (no caso de representação de conhecimento por: regras de produção, rede semântica, quadros) que podem ser programados para serem usados como manipuladores de *bases de conhecimento* com o fim de deduzirmos algo que não está armazenado naquela base de fatos e conhecimentos.

3.2.1 Quando a Representação de Conhecimento é Feita pela Lógica:

(i) *Lógica Proposicional*

Como o sistema pode responder a pergunta:

"Zico está disposto a visitar Pelé ou não?", cuja representação deve ser vista no capítulo 2.

Essa pergunta resume-se então a saber qual das fórmulas A que podemos traduzir por: ("Zico está disposto a visitar Pelé") ou $\neg$A que traduzimos para ("Zico não está disposto a visitar Pelé''), é deduzida daquela axiomatização dada no capítulo anterior e repetida abaixo. O procedimento mecânico de dedução (motor de inferência) aqui empregado, é o método de **tabela verdade.**

Zico: (B ⇒ A)
Pelé: (A ⇒ ¬B) & (¬A ⇒ B)

A	B	(B ⇒ A)	(A ⇒ ¬B)	&	(¬A ⇒ B)
V	V	V		F	
V	F	**V**		**V**	
F	V	F		V	
F	F	V		F	

Conjunto P de fórmulas que descreve o estado de espírito de Zico e Pelé é dado pela tabela acima.

Queremos saber se P implica logicamente A ou ¬A.

Podemos ver na segunda linha da tabela que as duas fórmulas (que compõem P) recebem o valor V. Como A também recebe o valor verdade V, nesta atribuição, temos que P implica logicamente A. Portanto, Zico está disposto a visitar Pelé. (Resposta que o sistema inteligente inferirá.)

Agora passaremos para motor de inferência usando a outra lógica.

(ii) *Lógica de 1.ª ordem ou Lógica dos predicados*

A Lógica Simbólica foi criada para formalização das linguagens naturais e do raciocínio argumentativo.

Avanços em prova automática de teoremas (INFERÊNCIA POR RESOLUÇÃO) culminou com uma implementação bastante eficiente de um tipo de resolução intitulada RESOLUÇÃO-SL (Kowalski, 1970), mais adequada para um subconjunto da lógica de predicados conhecido como **CLÁUSULA DE HORN**. A implementação de tal mecanismo foi realizada em 1972 por Colmerauer e Roussel, em Marseille, e foi denominado **PROLOG (PROgrammation en Logique)**

Lógica na forma Clausular

A forma clausular é aquela em que uma expressão lógica é escrita como uma disjunção de termos onde cada termo é uma fórmula atômica positiva ou negativa.

Por exemplo:

$$\neg A \vee B \vee \neg C \vee D \vee \neg E \qquad (1)$$

cada conjunção é associativa

$$B \vee D \vee \neg A \vee \neg C \vee \neg E$$

e comutativa

$$\neg E \vee D \vee \neg C \vee B \vee \neg A$$

podemos aplicar a lei de MORGAN

$$(B \vee D) \vee \neg(A \wedge C \wedge E)$$

usando a substituição $(Q \Leftarrow P)$ por $(Q \vee \neg P)$ obtemos de (1) a representação

$$(B \vee D) \Leftarrow (A \wedge C \wedge E) \quad (2)$$

cabeça cauda

que é a representação normal para a formação clausular, sendo o CONSEQÜENTE comumente chamado de **CABEÇA DA CLÁUSULA** e o antecedente chamado de **CAUDA.**

A regra da RESOLUÇÃO de ROBINSON, que no item anterior tivemos uma noção, é aplicável às expressões na forma clausular. Dadas duas expressões nesta forma $(p \vee q)$ e $(\neg p \vee r)$ tais que o **antecedente** de uma e o **conseqüente** de outra possuam uma fórmula em comum, pode-se obter uma terceira denominada **resolvente** $(q \vee r)$, combinando-se as duas e eliminando-se a fórmula em comum.

1. $A \vee B \Leftarrow C \wedge D \wedge E$
2. $D \vee F \Leftarrow G \wedge H$
3. $A \vee B \vee F \Leftarrow C \wedge E \wedge G \wedge H$ (de 1 a 2)

Na verdade, não é necessário que as fórmulas estejam exatamente iguais, mas sim que tenham a mesma forma, e exista uma substituição de variáveis por termos que as tornem iguais (PROCESSO DE UNIFICAÇÃO).

Quando existe uma variável em uma das fórmulas a serem casadas, e na posição correspondente da outra existe uma constante, a variável deixa de ser livre e torna-se ligada à constante (INSTANCIAÇÃO); por outro lado, quando existem duas variáveis em posições correspondentes nas fórmulas, qualquer ligação a uma será feita na outra. Antes de se tentar o casamento é necessário renomear-se todas as variáveis de forma que as fórmulas envolvidas não tenham variáveis com o mesmo nome.

Para provarmos uma CLÁUSULA em uma determinada teoria utilizando a RESOLUÇÃO, basta negarmos a cláusula que queremos provar e acrescentá-la ao conjunto de axiomas e teoremas da teoria e tentarmos derivar a cláusula vazia. Caso ela seja derivada, a cláusula é VERDADEIRA, e caso seja impossível sua derivação a cláusula é FALSA. (É um teorema provado em [22], que aqui unicamente será usado.)

Cláusulas de Horn

Uma expressão é dita ser uma cláusula de HORN quando está na forma clausular (visto no item anterior) e a CABEÇA é constituída por, no máximo, uma fórmula positiva.

É conveniente representarmos sob a forma de implicação mesmo quando as cláusulas representam uma ASSERÇÃO ou uma NEGAÇÃO.

Exemplos de cláusulas de HORN:

1. $A \Leftarrow B \wedge C \wedge D$
2. $A \Leftarrow$
3. $\Leftarrow B \wedge C$

Interpretação dessas três cláusulas

1. A é verdadeiro se B e C e D também o forem.
2. Afirmação de A. (A é verdadeiro).
3. Negação de B e C (não é o caso que B e C sejam verdadeiros).

A resolução quando aplicada a cláusulas de HORN exibe um comportamento PROCEDIMENTAL, como se estivesse executando um programa, com a diferença que o processo é NÃO-DETERMINÍSTICO (isto é, a escolha das cláusulas que vão ser usadas na Resolução é arbitrária, não precisando ser previamente determinada, podendo ser feita em qualquer ordem).

Exemplo:

1. A ⇐ B ou (¬B v A) queremos concluir A ⇐ (teorema a ser provado)
2. B ⇐ ou (B)

então negamos A e tentamos gerar a cláusula vazia.

3. ⇐ A (negação A)
4. ⇐ B (aplicando Resolução a 1 e 3)
5. □ (aplicando Resolução a 2 e 4).

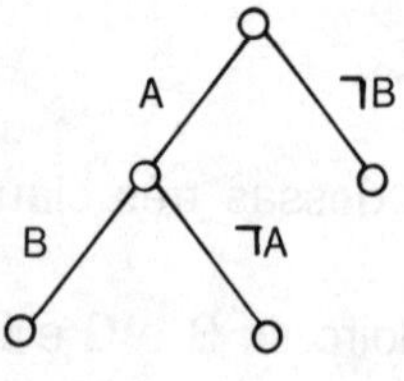

Fig. 8 — Todos são eliminados.

Observação:

(i) □ é o símbolo para **cláusula vazia**

(ii) aqui só mostramos **como** funciona o método de Resolução. A prova de que esse mecanismo funciona não cabe ao nível desse livro introdutório. O leitor pode encontrá-la na referência [3].

Representação de um problema por meio de cláusula de HORN

Os passos necessários (sugeridos por Kowalski), 1970 [19].

1. Descrever o problema em LN (Linguagem Natural) sem muitas preocupações com concisão, ambigüidade ou contradições.
2. Reescrever tirando ambigüidade, etc. e explicitar os fatos.
3. Transpor as sentenças em LN para o cálculo dos predicados.
4. Transpor as sentenças em lógica para a forma clausular.
5. Finalmente passar CADA sentença para forma da CLÁUSULA DE HORN. Isto é, desmembrar, se for o caso, a sentença em quantas cláusulas de Horn forem as fórmulas atômicas que constituem a cabeça, mantendo-se a mesma cauda (nem sempre é possível).

Exemplos:

A sentença (A v B) $\Leftarrow$ (D$\wedge$E$\wedge$F) pode ser desmembrada em duas cláusulas de Horn.

1. A $\Leftarrow$ D$\wedge$E$\wedge$F
2. B $\Leftarrow$ D$\wedge$E$\wedge$F

Exemplos simples

Duas pessoas são amigas se uma gosta da outra. João gosta de Maria, Antonio gosta de João e Maria gosta de João. QUEM É AMIGO DE MARIA?

Representação deste problema diretamente em cláusulas de Horn é possível devido a sua simplicidade.

1. gosta-de (João, Maria) $\Leftarrow$ afirmação que João gosta de Maria
2. gosta-de (Antonio, João) $\Leftarrow$ afirmação que Antonio gosta de João
3. gosta-de (Maria, João) $\Leftarrow$ afirmação que Maria gosta de João
4. amigos (x,y) $\Leftarrow$ gosta de (x,y), gosta de (y,x)

regra que diz quando duas pessoas são amigas.

5. ⇐ é-amigo (Maria, Z)

negação de que Maria possui amigos — pergunta na forma negação.

Aplicando-se a resolução a 5 e 4, unificamos amigos (x,y), com amigos (Maria, z), o que faz com que X fique ligado à Maria, y e z compartilhem e produz-se 6.

6. ⇐ gosta-de (Maria,y), gosta-de (y, Maria).
que por sua vez unificada com 1, instancia y com João e automaticamente z também, e produz-se 7.

7. ⇐ gosta-de (Maria, João)

que finalmente produz a cláusula vazia quando se aplica a Resolução entre ela e a cláusula 3.

8. □

Provamos que não é o caso que Maria não tem amigos, e o motivo está na instanciação da variável X com a constante JOÃO. Assumimos que o sistema inferirá e que João é o amigo de Maria procurado.

Portanto, se usarmos o PROLOG para a criação de um SE, poderemos usar o Motor de Inferência embutido no PROLOG que já faz unificação, instanciação, usa Resolução e responde a maioria das nossas perguntas.

Mas como o PROLOG tem algumas limitações, alguns implementadores o estão modificando, usando compiladores, e criando **esqueletos** para gerar SE's bem eficientes.

Passemos, agora, a caracterizar os vários mecanismos de inferência que são usados hoje em dia.

3.3 A Arquitetura e o Funcionamento do MOTOR DE INFERÊNCIA (LEVINE et al.)

O Motor de Inferência é a parte do sistema inteligente necessário para obter "conhecimento novo" a partir da Base de Conhecimento existente.

Vamos estudar aqui mecanismos de inferência, quando a Representação do Conhecimento existente na Base de Conhecimento é feita por **regras**, e a avaliação de uma REGRA se dá no sentido da CONDIÇÃO para a CONCLUSÃO. Este é chamado de encadeamento para frente (Forward Chaining).

A Fig. 9 mostra um esquema funcional de sistema de inferência destacando os seus componentes onde o motor de inferência (MI) interage com o usuário e a Base de Conhecimento (Base de Fatos + Base de Regras).

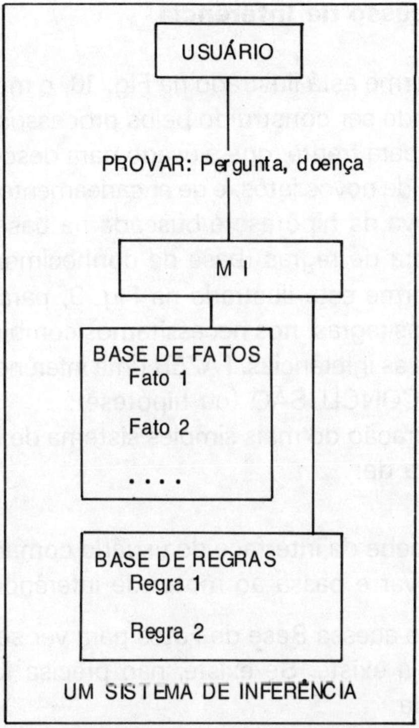

Fig. 9 — Esquema de um Sistema de Inferência.

3.3.1 Processo de Inferência

Conforme está ilustrado na Fig. 10, o motor de inferência pode ser construído pelos processos de encadeamento para frente, que é usado para descobrir conseqüências de novos fatos, e de encadeamento para trás, onde a prova da hipótese é buscada na base de fatos e/ou na hora de regras (base de conhecimento).

Conforme está ilustrado na Fig. 9, para utilizar a potência das regras, nós necessitamos combiná-las para fazermos as inferências. FAZER uma inferência é PROVAR uma CONCLUSÃO (ou hipótese).

A operação do mais simples sistema de inferência é composta de:

1. Recebe da interface do usuário comandos para provar e passa ao motor de inferência.
2. Este acessa Base de Fatos para ver se o objetivo já existe. Se existe, não precisa fazer mais nada.
3. Se não existe este fato, o MI acessa a base de regras para achar regras que podem ser usadas para provar o objetivo.
4. Se a conclusão pode ser provada, ela é passada para o usuário final e mostrada ao usuário.

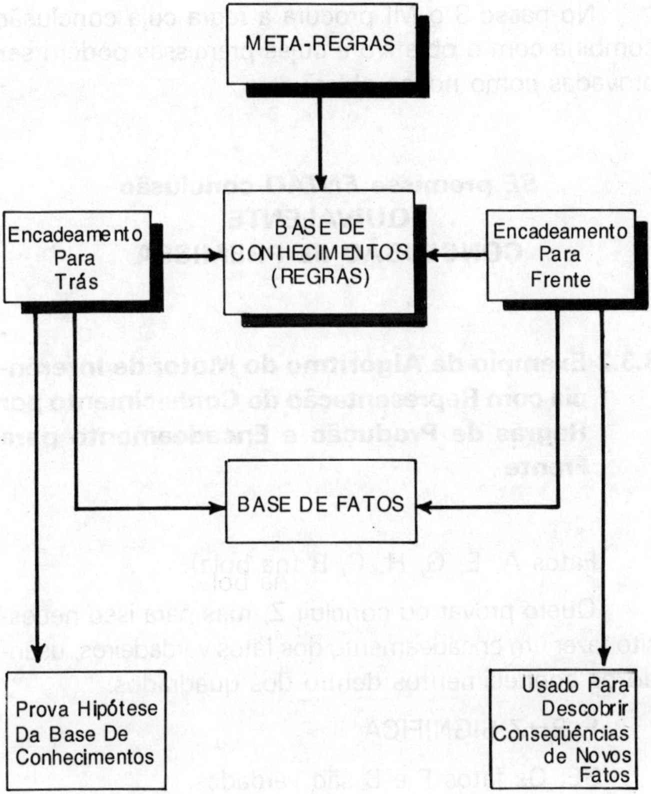
META-REGRAS
Encadeamento Para Trás
BASE DE CONHECIMENTOS (REGRAS)
Encadeamento Para Frente
BASE DE FATOS
Prova Hipótese Da Base De Conhecimentos
Usado Para Descobrir Conseqüências de Novos Fatos

Fig. 10

No passo 3 o MI procura a regra cuja conclusão combina com o objetivo e cujas premissas podem ser provadas como novos objetivos.

***SE* premissa *ENTÃO* conclusão**
EQUIVALENTE
CONCLUSÃO *SE* PREMISSA

3.3.2 Exemplo de Algoritmo do Motor de Inferência com Representação do Conhecimento por Regras de Produção e Encadeamento para Frente

Fatos A, E, G, H, C, B (na bola).

Quero provar ou concluir Z, mas para isso necessito fazer um encadeamento dos fatos verdadeiros, usando os conhecimentos dentro dos quadrados.

F, B→Z SIGNIFICA

SE: Os fatos F e B são verdades.

ENTÃO: A situação Z também é.

Início com a regra cujos fatos estão presentes (A→D)

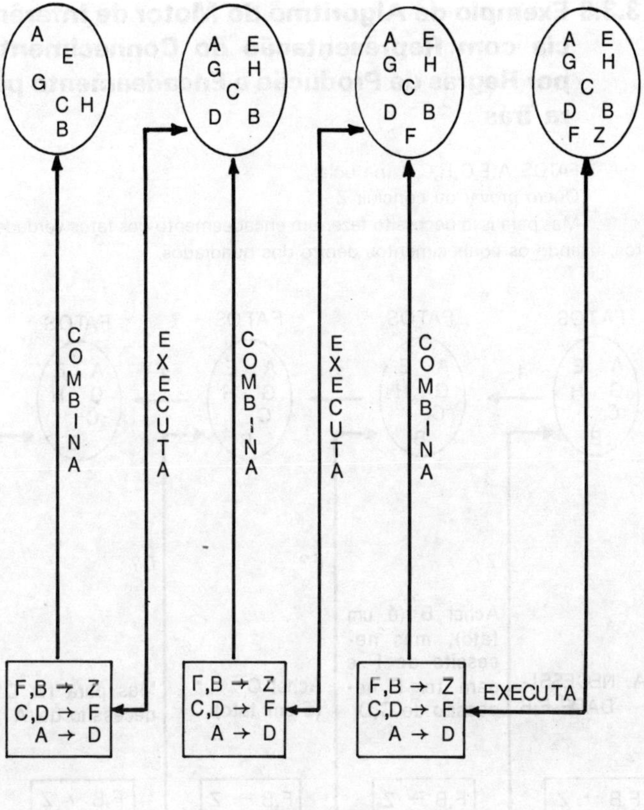
A E G C H B
A E G H C D B
A E G H C D B F
A E G H C D B F Z
COMBINA
EXECUTA
COMBINA
EXECUTA
COMBINA
EXECUTA
F,B → Z
C,D → F
A → D
Γ,B → Z
C,D → F
A → D
F,B → Z
C,D → F
A → D

Fig. 11

3.3.3 Exemplo de Algoritmo do Motor de Inferência com Representação do Conhecimento por Regras de Produção e Encadeamento para Trás

FATOS A,E,G,H,C,B (na bola)

Quero provar ou concluir Z

Mas para isso necessito fazer um encadeamento dos fatos verdadeiros, usando os conhecimentos dentro dos quadrados.

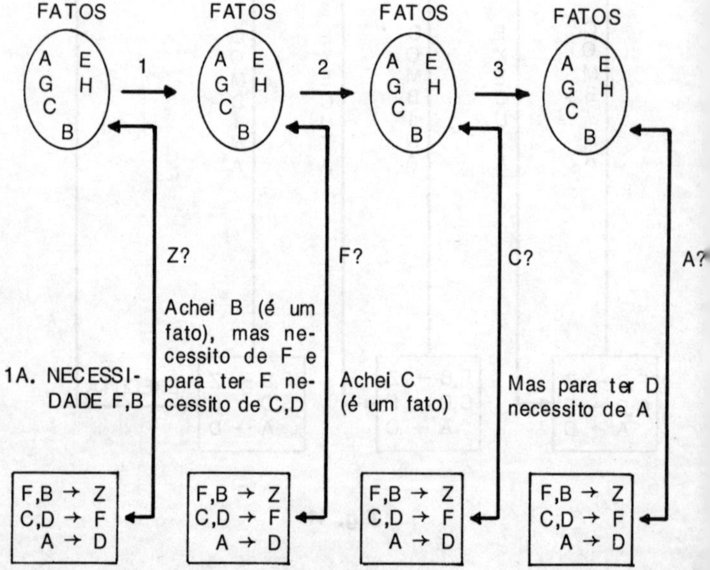

Fig. 12

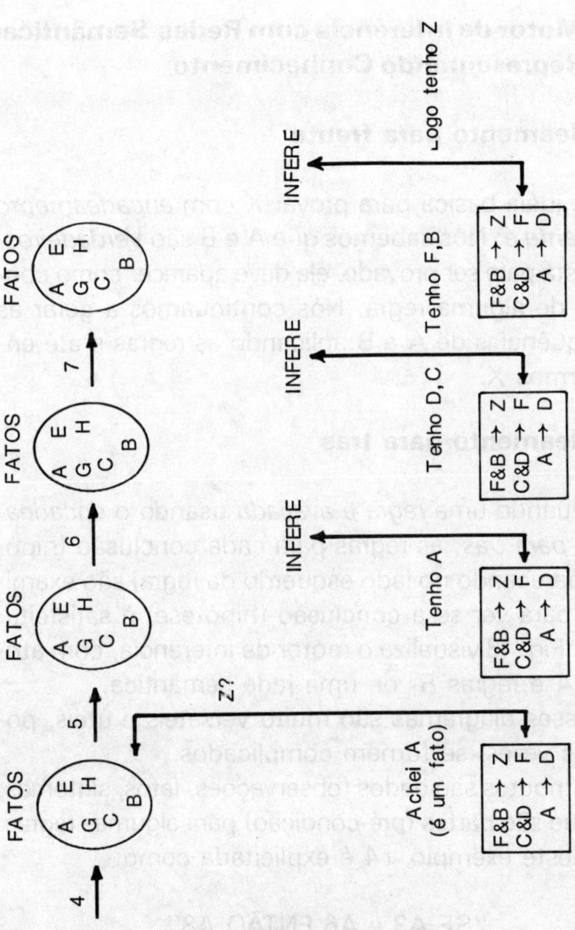
FATOS
A E G H C B
4
5
6
7
Z?
Achei A
(é um fato)
Tenho A
Tenho D, C
Tenho F, B
Logo tenho Z
INFERE
INFERE
INFERE
F&B → Z
C&D → F
A → D

Fig. 12-A

3.3.4 Motor de Inferência com Redes Semânticas Representando Conhecimento

Encadeamento para frente

A idéia básica para provar X com *encadeamento para frente é*: Nós sabemos que A e B são *Verdadeiros.* Se X está para ser provado, ele deve aparecer como conclusão de alguma regra. Nós continuamos a gerar as conseqüências de A e B aplicando as regras e até encontrarmos X.

Encadeamento para trás

Quando uma *regra é avaliada* usando o *encadeamento para trás*, as regras para cada conclusão (hipótese aparecendo no lado esquerdo da regra) são examinadas para ver se a conclusão (hipótese) é satisfeita.

A Fig. 13 visualiza o motor de inferência, com atributos *A* e regras *R*, de uma rede semântica.

Esses diagramas são muito versáteis e úteis, porém, às vezes, se tornam complicados.

Atributos são dados (observações, fatos, sintomas, etc.) que são partes (pré-condição) para algumas regras.

Neste exemplo, r4 é explicitada como:

"SE A3 e A6 ENTÃO A8".

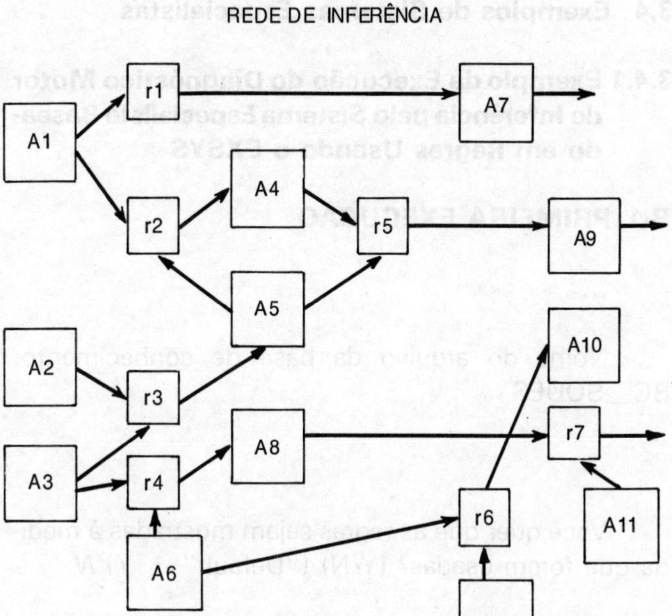

Fig. 13 — MI em Representação de Conhecimento por Redes Semânticas.

3.4 Exemplos de Sistemas Especialistas

3.4.1 Exemplo da Execução do Diagnóstico Motor de Inferência pelo Sistema Especialista Baseado em Regras Usando o EXSYS

B-1. PRIMEIRA EXECUÇÃO

...

Nome do arquivo da base de conhecimento: BC__SOUES

...

Você quer que as regras sejam mostradas à medida que forem usadas? (Y/N) (''Default'' = Y) *N*

Diagnóstico de avaria da caixa CD-500 (pertencente ao carro de combate leve M41)

...

A interação sistema-usuário se processa da seguinte maneira:

— o sistema apresenta na tela um atributo (declaração incompleta) relacionado com a caixa CD-500 e uma lista de valores associados a números inteiros em ordem crescente;
— o usuário deve digitar o número (seguido de ENTER) associado com a alternativa correspondente à caixa CD-500 sob diagnóstico.

Estas instruções foram inseridas pelo engenheiro de conhecimento, por ocasião da edição da base de conhecimento. A seguir é apresentada a interação sistema-usuário como decorrência do processo de inferência.

...

Um indício do mau funcionamento da caixa CD-500 é

1 a viatura não faz curva
2 a viatura não funciona em baixa velocidade
3 a viatura se desloca com baixo rendimento
4 o motor da viatura não gira ao se dar a partida
5 a viatura não funciona em alta velocidade
6 a viatura não funciona em nenhuma velocidade
7 a viatura não funciona em marcha à ré
8 a viatura puxa para um lado em linha reta
9 desconhecido

1

[O usuário escolheu a alternativa 1]

...

A pressão de óleo da linha de aplicação da embreagem da direção é

1 normal
2 anormal

1

[O usuário escolheu a alternativa 1]

...

O ruído de engrenagens é

1 normal
2 anormal

1

[O usuário escolheu a alternativa]

...

O ruído de acionamento das engrenagens é

1 normal
2 anormal

2
[O usuário escolheu a alternativa 2]

...

Está concluído o diagnóstico da avaria. Imprima o resultado e encaminhe-o com o equipamento para a Seção de Manutenção.

[Diagnóstico inferido]

O DIAGNÓSTICO para a caixa CD-500 é obstrução no circuito hidráulico entre o ponto de tomada de pressão da linha de aplicação das embreagens e os discos de embreagem.

[Dados fornecidos pelo usuário]

Um indício do mau funcionamento da caixa CD-500 é: a viatura não faz curva.
A pressão de óleo da linha de aplicação da embreagem da direção é normal.

O ruído de engrenagem é normal.

O ruído de acionamento das embreagens é anormal.

3.4.2 Execução do Diagnóstico pelo Sistema Baseado em FRAMES e Regras, Feito no IME

[Carregamento do LISP]

A > LISP

[Carregamento do protótipo SABER.IME]

$ (LOAD B:SABER.IME)

K-1. **PRIMEIRA EXECUÇÃO**

[Chamada do procedimento principal do protótipo SABER.IME]

$ (DIAGNÓSTICO-CD500)

[O quadro inicial da rede hierárquica é ativado, sendo iniciado o processo de inferência. Neste estágio do processo o sistema tenta identificar o próximo quadro da rede.]

...

*** Quadros possíveis: F-CXD500,...

...

[O "frame f-cxcd500 é confirmado por "default" e é ativado.]

[O sistema solicita dados ao usuário]

*** Digite os resultados do teste de bancada

PLP ? 122

PLC ? 60

PLAB ? 100

PLAA ? 112

PLAR ? 111

PLAD ? 102

*** "Frames" possíveis: F-AVLP, ..., F-AVMEC

[O sistema verifica todos os "frames" possíveis confirma F-AVMEC, que é ativado.]

...

[O sistema solicita dados ao usuário.]

*** Qual dentre os seguintes sintomas foi observado pelo usuário?

*** 5 — A viatura não funciona em nenhuma velocidade
*** 6 — A viatura se desloca com baixo rendimento
O sintoma é (digite o número): ? 5
*** Frames possíveis: F-AVLPPARC, ...
...

[O sistema verifica todos os quadros possíveis confirma F-AVLPTOT, que é ativado.]

[A ativação do "frame" F-AVLPTOT ocasiona a execução do inferior de regras, para refinar o diagnóstico parcial, correspondente à confirmação desse quadro.]

*** O diagnóstico parcial será refinado através de REGRAS2

[O sistema solicita dados ao usuário.]

*** Escolha uma alternativa

O NÍVEL DE ÓLEO DO RESERVATÓRIO EH

*** 1 — NORMAL
*** 2 — ALTO
*** 3 — BAIXO

(Digite o número) ? *1*

*** Escolha uma alternativa

O TESTE COM O FILTRO PRINCIPAL EH

*** 1 — POSITIVO
*** 2 — NEGATIVO

(Digite o número) ? *2*

*** Escolha uma alternativa

O TESTE COM A VÁLVULA REGULADORA DA PRESSÃO PRINCIPAL EH

*** 1 — POSITIVO
*** 2 — NEGATIVO

(Digite o número) ? *1*

[O sistema infere o diagnóstico e apresenta os dados e a solução ao usuário.]

*** FATOS_CONHECIDOS

O TESTE COM A VÁLVULA REGULADORA DA PRESSÃO PRINCIPAL EH POSITIVO

O TESTE COM O FILTRO PRINCIPAL EH NEGATIVO

O NÍVEL DE ÓLEO DO RESERVATÓRIO EH NORMAL

SINTOMA — A VTR NÃO FUNCIONA EM NENHUMA VELOC

A PRESSÃO DA LINHA DA DIREÇÃO EH ANORMAL

A PRESSÃO DA LINHA DE RE EH ANORMAL

A PRESSÃO DA LINHA DE ALTA EH ANORMAL

A PRESSÃO DA LINHA DE BAIXA EH ANORMAL

A PRESSÃO DA LINHA DO CONV EH ANORMAL

A PRESSÃO DA LINHA PRINCIPAL EH ANORMAL

*** FATOS_INFERIDOS

O DIAGNÓSTICO PARA A CAIXA CD-500 EH AVARIA NA VÁLVULA REGULADORA DA PRESSÃO PRINCIPAL

*** SOLUÇÃO

O DIAGNÓSTICO PARA A CAIXA CD-500 EH AVARIA NA VÁLVULA REGULADORA DA PRESSÃO PRINCIPAL

Capítulo 4

Sistemas Especialistas

4.1 O que é Sistema Especialista (SE)?

Um Sistema especialista é um programa de computador destinado a solucionar problemas em um campo específico do conhecimento, que tem para isso uma base de conhecimento desse domínio restrito. Usa um "raciocínio inferencial" para executar tarefas, e tem desempenho comparável ao dos especialistas humanos.

Na prática, uma das mais importantes características de um SE é a capacidade de explanação. Do mesmo modo que um especialista humano poderia explicar por que aconselhou, por exemplo, determinada aplicação na Bolsa de Valores, que raciocínio usou para chegar à conclusão, um SE pode ser capaz, de forma concisa, de explicar também por que chegou a tal inferência (como deduziu a resposta). Esta característica pode ser usada para ensinar pessoas que não são especialistas nesse assunto específico, que está sendo tratado pelo SE.

4.2 Histórico

No início, as estratégias de resolução de problemas de propósitos gerais, da IA, se mostraram muito ineficientes na solução de problemas complexos. Na década de 70, ficou claro para os pesquisadores de IA que para conseguir que seus sistemas resolvessem satisfatoriamente problemas reais, era necessário incorporar neles grandes quantidades de conhecimentos sobre o problema. Isto fez surgir a necessidade da criação do campo da "Engenharia do Conhecimento" que procura formas de usar conhecimentos de especialistas na solução de problemas complexos.

Essa tecnologia resultante desse campo de estudos, chamada sistemas especialistas, hoje é bastante usada em aplicações comerciais. Podemos citar como exemplo SE de **análise de crédito para bancos; SE nas áreas de fabricação** (tomada de decisão rápida no gerenciamento de uma Indústria); SE em **Engenharia de Software** (Ambiente de Apoio ao Desenvolvimento de Software — Editores e Tradutores de linguagens adequadas às diversas fases de desenvolvimento de software — **Ferramentas de análise** para verificar a consistência, a completeza e a dinâmica dos sistemas em desenvolvimento — **Ferramentas de documentação, Banco de Dados) SE em Controle de Processo** (conjunto de funções: medição, monitoração, alarmes, seqüência de manobras e proteção que são incorporados aos SE para controle, numa subestação de energia elétrica).

4.3 Algumas Áreas de Aplicação de Sistemas Especialistas

— Diagnoses Médicas
— Reparo de Equipamentos
— Configuração do Computador.
— Tomada de Decisões Financeiras
— Interpretação de Sinais
— Exploração de Minerais
— Interpretação dc Dados Químicos e Elucidação de Estruturas
— Compreensão da Voz e da Imagem
— Estratégias Militares
— Recomendação sobre o Uso de Sistemas de Computador
— Projeto de VLSI
— Engenharia de Software

4.4 Tipos de Objetivos de um Sistema Especialista

Como já foi dito anteriormente, os Sistemas Especialistas executam tarefas em determinadas áreas, e que merecem uma descrição mais detalhada do seu significado.

— Projeto (R1)

É semelhante ao de planejamento, confeccionando especificações para a criação de objetivos que satisfazem requisitos particulares. Estes sistemas devem ser capazes de justificar outras decisões futuras.

Nas fases de reprojeto deve ser capaz de oferecer uma visão global do quadro em vez de se ater a pontos que são apenas localmente ótimos.

— Reparo

Estes desenvolvem e executam planos para administrar as soluções convenientes a um problema diagnosticado.

— Instrução — Tutores (SOPHIE CAPRA — ensino de programação)

Os sistemas de instrução diagnosticam e corrigem o comportamento e o aprendizado dos estudantes. Incorporam normalmente subsistemas de diagnóstico e reparo, e tomam por base uma descrição hipotética do conhecimento do aluno.

— Controle (PICON — Tratamento de alarmes das centrais nucleares)

São sistemas que governam o comportamento geral de um sistema. São os mais completos, pois devem permitir executar tarefas de interpretação das situações, predição do futuro, diagnóstico de possíveis problemas, formular um plano de correção e monitorar a execução para garantir sucesso.

— Interpretação (HERSAY II, Dendral)

São sistemas que inferem decisões de situações a partir de observações, isto é, analisam os dados para determinar os seus significados. Devem considerar possíveis interpretações sistematicamente descartando aquelas que se mostrarem inconsistentes. Estes sistemas devem permitir tratar com dados errados, distorcidos e até mesmo ausentes.

— Diagnóstico (MYCIN, PUFF, DART)

São sistemas de detecção de falhas baseadas na interpretação de dados potencialmente problemáticos. Estes sistemas devem permitir:

— Detectar falhas mascaradas por outras falhas;
— Detectar falhas intermitentes;
— Detectar falhas que o equipamento de diagnóstico não detectou por ter falhado;
— Os sistemas de diagnóstico devem permitir ao diagnosticador a decisão sobre as medidas a tomar pois, em alguns casos, os dados sobre o sistema podem ser inacessíveis, caros ou perigosos de serem recuperados.

— Monitoramento (ACE — Vigilância de sistemas telefônicos)

Devem interpretar observações de sinais sobre o comportamento monitorado, continuamente, sinalizando se forem requeridas intervenções para o sucesso da execução. A interpretação dos sinais deve poder variar com o tempo de acordo com a exigência de momento.

— Predição (Prospector)

Estes sistemas permitem a previsão do futuro, a partir da modelagem de dados do passado e do presente. Como estes sistemas podem tratar informações incompletas, deverão então possibilitar o tratamento de vários futuros possíveis, utilizando-se de raciocínios hipotéticos, analisando a sensibilidade dos mesmos e a variação nos dados de entrada.

— Planejamento (STRIPS — geração de planos para ROBÔS)

Preparam um programa de ações a serem efetuadas para atingir objetivos, devendo estabelecer prioridades no caso de objetivos conflitantes. Possui normalmente características dos sistemas de predição.

Estes sistemas normalmente são usados em problemas grandes e complicados sendo às vezes necessário que se opere por tentativas e erros. Devem ser capazes de focalizar os aspectos mais importantes e de particionar o problema em subproblemas menos complexos, mantendo a atenção para a interação entre eles e seus objetivos.

4.5 Descrição de Alguns Sistemas Especialistas

Como já foi dito anteriormente, a partir de meados dos anos 70, alguns Sistemas Especialistas começaram a surgir. Desta forma, achamos conveniente a apresentação de algumas linhas de desenvolvimento destes sistemas.

O sistema DENDRAL, iniciado na Stanford University em 1965, é capaz de inferir estruturas químicas a partir de resultados da espectografia de massa, de corpos orgânicos. O seu processo de pesquisa é o da geração e teste, isto é, gera todas as estruturas possíveis que satisfazem as restrições dos dados. Faz uso de heurísticas que controlam a pesquisa para reduzir seu espaço solução. Este sistema teve como evolução o METADENDRAL, que adiciona àquele uma análise sobre o próprio conhecimento.

O sistema SAINT, desenvolvido pelo Massachussets Institute of Technology, desde 1961, que torna possível a integração simbólica no computador e que originou o MACSYMA que hoje funciona nos computadores VAX-750. Faz uso de encadeamento de regras que transformam expressões matemáticas em equivalentes, até se obter uma simplificação. Nesta área matemática temos ainda o SIN, contido no MACSYMA, que reconhece padrões semânticos fazendo uso de grandes bases de conhecimento, e o MATHLAB de integração de funções racionais.

O sistema PSG, desenvolvido na Carnegie-Mellon University, é uma linguagem de sistemas de produção para o estudo e modelagem de reconhecimento humano. Deu origem à série OPS e ao sistema (XCON), este para configuração de sistemas computacionais DEC/VAX.

O EXPERT é uma ferramenta que auxilia a construção de SEs para diagnóstico médico em geral, originado do CASNET; elaborado inicialmente para o tratamento de glaucomas, usa uma rede "causal" para modelar doenças. A doença é um processo dinâmico que é explicado ao usuário. Faz uso de regras probabilísticas e de opiniões divergentes de especialistas para diagnósticos alternativos. O sistema CASNET começou a ser desenvolvido por volta de 1973 e o EXPERT em 1979.

O sistema CADUCEUS, desenvolvido na Carnegie-Mellon University e originado do INTERNIST, é voltado para a medicina interna. Possui uma das maiores bases de conhecimento dos Sistemas Especialistas. O programa raciocina dinamicamente em cima de uma malha de sintomas e doenças combinando o raciocínio dirigido pelos dados com o dirigido pelas hipóteses, nesta ordem.

O sistema MYCIN, para doenças infecciosas sangüíneas, é um dos mais conhecidos. Usa regras de produção com fatores de certeza no auxílio do raciocínio probabilístico. Usa estratégia de encadeamento para trás dirigido pelas hipóteses perguntando dados ao usuário, para continuar o encadeamento. Considera todos os possíveis antecedentes, de todas as conclusões possíveis, a menos que os dados testem algumas condições. Isto é possível porque o MYCIN trata de problemas de complexidade limitada com pequenos espaços de pesquisa, dados e conhecimentos confiáveis. Como evoluções ou aplicações da sua filosofia, o MYCIN gerou alguns sistemas: EMYCIN, que é uma ferramenta para geração de SEs para diagnóstico médico; o PUFF,SE específico para doenças pulmonares; o TEIRESIAS, sistema de aquisição de conhecimento utilizado na aquisição de conhecimento pelo MYCIN.

O PROSPECTOR é um SE para pesquisa de depósitos de minérios, que gerou o KAS que é um sistema tipo esqueleto (ferramenta) para gerar SE's).

O SOPHIE e o EL são SE's que fazem o papel de um professor de um laboratório de Eletrônica e Elétrica. Possui uma malha semântica, com um circuito particular, e um modelo de simulação eletrônica e elétrica respectivamente que, alimentado por uma mudança no circuito, reavalia e atualiza a malha semântica.

Finalmente temos o SE HEARSAY-II, que começou a ser desenvolvido na Carnegie-Mellon University, baseado no SE HEARSAY-1, cujo objetivo é o entendimento da fala humana. Ele é capaz de operar em tarefas, com dados e conhecimentos não confiáveis, com grandes espaços de pesquisa, sem seqüenciamento fixo de ações, com suposições para a realização da análise, com falta de um modelo eficiente que direcione o raciocínio, com integração de vários conhecimentos e uma representação do conhecimento especializada. É possível se fazer interações entre subproblemas, isto é, diferentes tipos e níveis de informação. São integrados em uma estrutura uniforme, com a múltipla cooperação de especialistas, em vários níveis de abstração.

4.6 Diferenças entre SE e Programação Convencional

As diferenças são principalmente duas:

1) SE usa heurísticas (experiência anterior nas soluções de problemas análogos).

SE's não são meramente aplicadores das regras de produção (capítulo 2), ondc cstão representados os conhecimentos da área específica. Eles têm que ter experiência anterior, intuição e criação. Às vezes esse conhecimento resolve um problema rapidamente, mas também pode falhar e logo outro conhecimento será tentado. É a tentativa e erro (heurística) usada na resolução de problemas. O que não acontece quando se resolve um problema usando programação convencional onde um único algoritmo é programado para resolver um determinado programa, não sendo necessário pesquisar o espaço das soluções possíveis, pois os passos da solução do problema estão explicitados nos algoritmos.

2) SE's são dirigidos por dados e não por procedimentos.

SE usa programação lógica que enfatiza a estrutura lógica de um problema, isto é, os dados do problema geram um conjunto finito de sentenças que descrevem tal problema ou situação (programação declarativa — que engloba a programação funcional); assim, SE enfatiza a estrutura lógica de um problema e não a construção de um procedimento para resolvê-lo (programação procedimental) como na programação convencional.

As diferenças são ressaltadas, hoje em dia, pelo crescimento muito grande dos SE's. Em geral, a maioria dos desenvolvimentos de SE com sucesso, tem sido aqueles com objetivos modestos, que consomem em média 6 (seis) meses para serem produzidos. SE's são mais adequados do que programações convencionais em duas áreas, a saber:

(i) problemas com um grande número de combinações possíveis, que levariam muito tempo para se verificar todas as possibilidades numa programação convencional.

(ii) interpretações de grande quantidade de da... necessidade da utilização e recuperação da informação com rapidez.

4.7 Características de um Sistema Especialista

As características básicas que um Sistema Especialista deve conter são:

— Bom desempenho, eficiência para encontrar as soluções.

— Explicação do raciocínio, devendo responder às perguntas: "Como?" "Por quê?" "Por que não?"

— Boa interação com o usuário.

Para atingir tais características, os Sistemas Especialistas utilizam uma combinação das técnicas para "Resolução de Problemas" e "Representação de Conhecimento" estudados em Inteligência Artificial.

O processo de construção de um Sistema Especialista é freqüentemente chamado de "Engenharia do Conhecimento". Tipicamente, ela envolve uma forma especial de interação entre o construtor do Sistema Especialista, chamado engenheiro de conhecimento, e um ou mais especialistas humanos de alguma área. O engenheiro de conhecimento "extrai" dos especialistas humanos seus procedimentos, estratégias e regras práticas para solução dos problemas "construindo" este conhecimento num Sistema Especialista.

O engenheiro de conhecimento pratica a arte de buscar os princípios e ferramentas da Inteligência Artificial para lidar com problemas de aplicações difíceis que requerem o conhecimento de especialistas para suas soluções.

As questões técnicas na aquisição desse conhecimento, na representação, e na utilização adequada na construção e explicação das linhas de raciocínio, são problemas importantes no projeto de Sistemas Baseados em Conhecimento..."

4.8 Modelo do Sistema Especialista Ideal

A arquitetura de um Sistema Especialista Ideal pode ser vista na Fig. 14. Seus principais componentes são:

— Processador de Linguagem Natural

Responsável pela interface com o usuário. Deve empregar uma linguagem o mais próximo possível da linguagem natural e ter uma comunicação orientada para o problema.

— Justificador

Esclarece ao usuário como o sistema chegou a determinada conclusão, mostrando as regras e os fatos das bases de conhecimento que foram usados.

— Base de Conhecimento

Conhecimento, fatos, regras e informação acerca do problema presente.

— Quadro-Negro

É a área de trabalho do sistema. Arquiva hipóteses e decisões intermediárias. Faz a comunicação entre processos especializados.

— Interpretador de Regras

Faz a avaliação das regras dependendo das hipóteses e fatos existentes.

— Seqüenciador

Escolhe as regras que serão selecionadas a partir de fatos e hipóteses, e determina a ordem em que serão avaliadas.

— Reforçador de Consistência

Faz uma avaliação final da solução verificando a existência de casos similares já resolvidos e cataloga os novos casos.

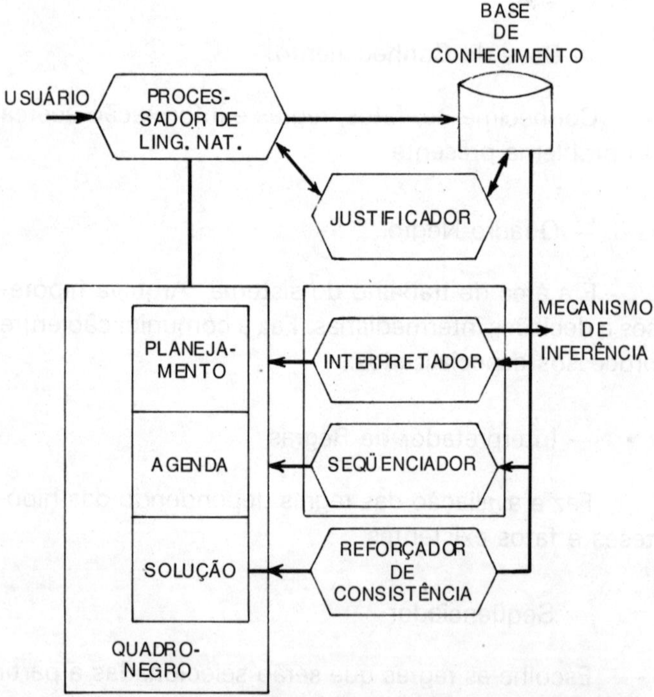

Fig. 14 — Modelo do Sistema Especialista Ideal.

A figura a seguir mostra o SE na visão do usuário e na visão do construtor.

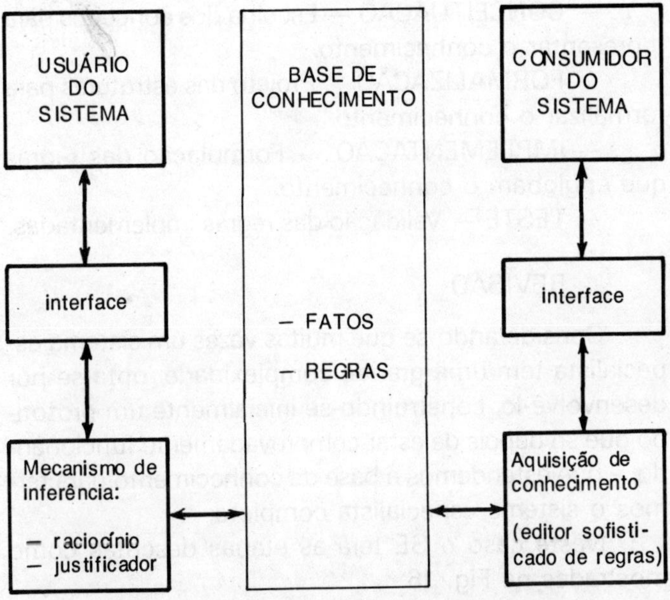

Fig. 15 — Estrutura detalhada de um SE.

4.9 Fases de Desenvolvimento de um SE

— IDENTIFICAÇÃO — Determinação das características do problema.

— CONCEITUAÇÃO — Escolha dos conceitos para representar o conhecimento.

— FORMALIZAÇÃO — Projeto das estruturas para formalizar o conhecimento.

— IMPLEMENTAÇÃO — Formulação das regras que englobam o conhecimento.

— TESTE — Validação das regras implementadas.

— REVISÃO

Considerando-se que muitas vezes um sistema especialista tem uma grande complexidade, opta-se por desenvolvê-lo, construindo-se inicialmente um protótipo que só depois de estar comprovadamente funcionando, é que estendemos a base de conhecimento para termos o sistema especialista completo.

Neste caso o SE terá as etapas descritas como mostradas na Fig. 16.

O leitor encontrará a seguir um roteiro para o desenvolvimento de sistemas especialistas através de uma ferramenta chamada PATER. Entretanto, o roteiro servirá para ser utilizado por qualquer outra ferramenta de desenvolvimento de SE, por exemplo o ESE, ferramenta para grande porte da IBM Brasil.

4.9.1 Roteiro para Utilização de uma Ferramenta de Desenvolvimento de SE

O desenvolvimento do **PATER*** foi pautado na busca de uma característica principal: facilidade de utilização. Desta forma, procurou-se uma estrutura de regras de extrema simplicidade, bem como uma interface com o usuário pautada em menus e telas formatadas. Assim, não é necessário conhecer nenhum comando especial, pois todas as opções estão listadas nos vários menus.

O sistema deve ser encarado como um criador de protótipos, que possibilite, a pessoas interessadas em experimentar a tecnologia de sistemas especialistas, desenvolver bases de conhecimento de diversas áreas.

A seguir é apresentada uma metodologia de trabalho que serve como um guia, passo a passo, para utilização do sistema. Este guia, sumarizado no fluxograma da Fig. 16, divide o processo de desenvolvimento em diversas fases. Note-se que as fases de um a seis podem ser seguidas para a utilização de qualquer ferramenta de desenvolvimento. A fase sete passa a utilizar o **PATER** e segue a idéia de refinamentos sucessivos sobre a base de conhecimento.

---

* Pater é uma marca registrada da TECSIS — Tecnologia de Sistemas Inteligentes.

Finalmente, são discutidas as diversas fases de desenvolvimento de um sistema especialista.

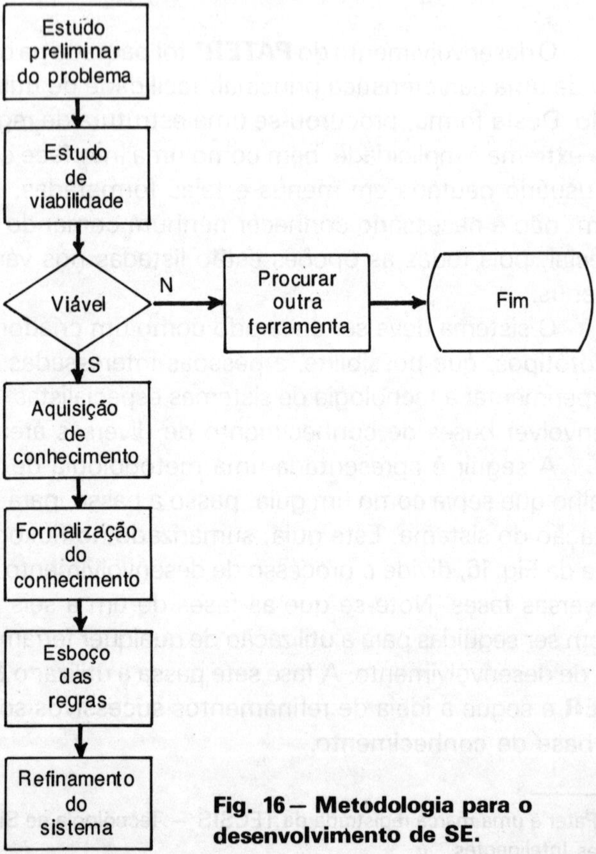

Fig. 16 – Metodologia para o desenvolvimento de SE.

FASE-1: Estudo Preliminar do Problema

Nesta fase, deve-se levantar as características principais da área que se deseja formalizar o conhecimento, através das primeiras conversas entre o analista do conhecimento e o especialista. Procura-se verificar se o assunto em questão admite ser sucessivamente dividido em subpartes numa abordagem tipo "top down", isto é, do macoproblema para os detalhes.

É importante a verificação da existência de regras empíricas de tomadas de decisões, sem preocupação com formalização. A simulação de pequenos casos deve ser tentada com o engenheiro propondo questões e verificando o raciocínio empregado pelo perito. Deve-se procurar justificativas do tipo "porquê" e "como" uma determinada conclusão foi atingida. Uma sugestão para motivar estes primeiros contatos é, o mais rápido possível, selecionar um conjunto mínimo de regras, editá-las na ferramenta de construção de sistemas e realizar rápidas consultas em presença do especialista. Desta forma, ele poderá de pronto verificar o produto de suas reflexões e passar a acreditar na viabilidade do projeto. Neste particular reside a maior vantagem do **PATER**, pois, devido a sua estrutura de regras extremamente simples, não é necessário muito treinamento para sua utilização, como ferramenta auxiliar.

Durante esta fase, não deverá haver qualquer tipo

de preocupação com formalização, nem com a modelagem das regras em relação à ferramenta de desenvolvimento a ser utilizada. Nesta fase, procura-se uma linguagem comum entre as pessoas envolvidas no processo de construção do sistema.

Note-se que o surgimento dos ambientes de desenvolvimento de sistemas especialistas não tornou o processo de aquisição de conhecimento nem simples, nem direto. Persistem, ainda, todos os problemas de interação entre usuário e analista. Tais ambientes vieram, entretanto, auxiliar grandemente no desenvolvimento de protótipos que visam, principalmente, tornar esta nova tecnologia mais universal, tanto no âmbito dos profissionais da área de computação quanto nos usuários finais em geral.

FASE-2: Estudo de Viabilidade

Após os levantamentos iniciais acerca da área de aplicação do sistema a ser desenvolvido, passa-se a estudar particularidades estruturais do problema, no sentido de que seja selecionada a ferramenta mais apropriada a ser utilizada. Tal processo é análogo à seleção da linguagem de programação mais indicada no desenvolvimento de um sistema convencional. As principais particularidades são:

— Complexidade do conhecimento, no sentido de selecionar a forma de representação mais indicada.
— Necessidade de incorporação de conhecimento heurístico, onde se necessite especificar fatores de certeza.
— Dificuldade na formalização de regras de forma que o sistema necessite de um alto grau de aprendizagem.
— Tamanho de sistema, no sentido do número de regras esperadas, forçando a utilizar uma ferramenta de grande desempenho no processo de inferência.
— Necessidade de utilizar operações matemáticas complexas para a avaliação das regras.

Outras características também importantes, mas que não dependem do problema em si, são:

— Facilidades de edição e depuração.
— Métodos de aquisição de conhecimento — veja a árvore de conhecimento sobre manutenção de automóveis no item 4.12.
— Disponibilidade de recursos gráficos — veja o gráfico representativo do conhecimento sobre enigmas no item 4.9.2.3.
— Opções de explanações diversas.

— Possibilidade de executar programas externos.
— Interfaces com sistemas de gerência de bancos de dados e planilhas eletrônicas, o **PATER** incorpora essas facilidades.

Analisando as características do **PATER,** verifica-se que esta ferramenta adapta-se, principalmente, a sistemas em que se deseje obter uma resposta entre várias opções disponíveis. Aplica-se a sistemas de diagnose e de auxílio à tomada de decisões. Uma outra área para utilização, é a de sistemas de classificação, sobretudo, se este obedecer a uma estrutura de árvore. Em resumo, o **PATER** pode ser utilizado em qualquer área das características acima, desde que não haja necessidade de uma estrutura de regras de grande complexidade.

FASE-3: Aquisição do Conhecimento

A fase de aquisição do conhecimento é, sem dúvida, a que apresenta maior dificuldade na construção de um sistema especialista. Esta dificuldade provém, como já exposto, do fato de inexistir uma linguagem comum de entendimento entre as partes envolvidas no projeto. O especialista, em geral, não tem suas idéias organizadas utilizando, indistintamente, processos indutivos e dedutivos na obtenção das soluções. Desta forma, cabe ao engenheiro de conhecimento tentar organizar estes elementos e, gradativamente, obter as informações necessárias. É importante ressaltar que não se deve impor ao especialista qualquer tipo de formalismo. Entretanto, nas primeiras conversas, é interessante apresentar alguns princípios rudimentares de lógica, no sentido de levar ao interlocutor um pouco da linguagem do sistema, ou seja, se for o caso, ensinar a usar a ferramenta.

A abordagem deve ser de forma a procurar hierarquisar o assunto, isto é, separar níveis de conclusões. Deve-se utilizar diagramas representativos de forma a apresentar, claramente, as divisões do problema.

No caso de utilização do **PATER,** o ponto de partida para obtenção das informações são exatamente as conclusões, isto é, as possíveis respostas às consultas. Este ambiente utiliza um método de inferência de "encadeamento para trás". Neste método, assume-se que os conseqüentes (conclusões) são verdadeiros e tenta-se provar os antecedentes (condições). O método é ilustrado na regra abaixo.

SE

COLORAÇÃO DAS FOLHAS É VERDE

E

POSIÇÃO DO TRONCO É VERTICAL

ENTÃO

TIPO DO VEGETAL É ÁRVORE

Numa consulta, acerca do "TIPO DE VEGETAL", ao consultar esta regra o sistema assumiria que o seu valor é "ÁRVORE" e tentaria provar as cláusulas antecedentes. Desta forma, observa-se que a melhor maneira de se iniciar a aquisição do conhecimento é de forma análoga. Por exemplo, numa base de classificação de vegetais levantar-se-iam todos os tipos de vegetais possíveis, e, em seguida, seriam determinadas as características que levariam à seleção de cada tipo isoladamente.

O **PATER** incorpora funções de pré-processamento, que auxiliam o processo de aquisição de conhecimento. Um recurso importante é a possibilidade de gerar a estrutura de regras do sistema, a partir de um gráfico representativo do conhecimento, ou de uma tabela de decisão de uma planilha eletrônica.

FASE-4: Formalização do Conhecimento

A partir desta fase, começa-se a levar em consideração especificamente, a ferramenta que se vai utilizar na construção do sistema. No caso do **PATER,** o processo de formalização do conhecimento encontra-se na atividade de determinar e caracterizar atributos.

Um atributo pode ser informalmente conceituado, como uma idéia concreta ou abstrata que represente os diversos elementos envolvidos no domínio do conhecimento a ser descrito. Pode ser dividido, genericamente, em dois tipos:

— ATRIBUTOS OBJETIVOS: São as idéias que representam as respostas que se desejam obter do sistema. Tome-se, como exemplo, uma base de análise de investimento. Uma consulta a ser feita acerca da situação financeira de uma empresa. Desta forma, esta idéia seria um dos atributos a serem considerados, e seria caracterizado como objetivo. Já em uma base de classificação de vegetais, os atributos objetivos poderiam ser família do vegetal, espécie, classe, grupo, etc.

— ATRIBUTOS QUALIFICADORES: São idéias que possibilitam ao sistema tirar conclusões acerca dos atributos objetivos, ou seja, em que se obtenha uma resposta para determinada consulta. Estes atributos fazem parte, em geral, das cláusulas condicionais. São, na verdade, os subsídios que tornam possível obter conclusões. Por exemplo, para a base de Análise de Investimento, alguns dos atributos qualificadores seriam: ''ÍNDICE DE ENDIVIDAMENTO'', ''DISPONIBILIDADE DE MATÉRIA-PRIMA NO MERCADO'', ''DEMANDA NO MERCADO EXTERNO'', etc.

Na de classificação de vegetais, ter-se-iam características como: ''FORMA DAS FOLHAS'', ''POSIÇÃO DO CAULE'', ''EXISTÊNCIA DE TRONCO PRINCIPAL'', etc.

Em resumo, a partir dos estudos preliminares determinam-se os atributos, caracterizando-os em ''QUALIFICADOR'' ou ''OBJETIVO'', e com base nos valores que eles possam assumir, passar-se à montagem das regras.

FASE-5: Esboço das Regras

Como descrito no item anterior, os atributos são os elementos principais na construção das regras. No **PATER,** uma cláusula é formada por um atributo (qualificado ou objetivo), um predicado e um ou mais valores. A forma de introduzir estas informações no editor é mostrada nos itens 4.11.1 letras B e C (Edição de regras).

Na formação das regras, as cláusulas são reunidas pelos conectivos ''E'', formando uma estrutura da forma ''SE ENTÃO''.

Assim, para a construção das regras que irão formar o sistema especialista basta verificar os possíveis valores de todos os atributos e compor as cláusulas por eles formadas, da maneira descrita acima.

FASE-6: Refinamento do Sistema

A partir do esboço das regras realizado na fase anterior, passa-se a fazer uso da ferramenta de construção de sistemas. A entrada de dados deve ser feita de forma incremental, ou seja, editar um conjunto de regras e, em seguida, iniciar as primeiras consultas de teste. A melhor forma é concentrar nos níveis hierárquicos de conhecimento determinados na fase 3. Por exemplo, na base de Classificação de Vegetais, um dos níveis de informação detectado é o "TIPO DO VEGETAL". Deve-se, pois, editar todas as regras que irão levar a conclusões deste atributo. Em seguida, passa-se a realizar consultas sobre as regras editadas. O processo é repetido sucessivamente até que se considere a base satisfatoriamente completa. Neste ponto, seleciona-se outro nível de informação, que no caso pode ser a "CLASSE DO VEGETAL", e procede-se de forma análoga. Deste modo, a verificação das inconsistências ficará simplificada, já que, a cada passo, o trabalho estará sendo realizado em uma parte restrita do conhecimento.

4.9.2 Exemplo de Utilização da Metodologia

Neste item, será demonstrado o processo de construção de um pequeno protótipo de sistema, de acordo com a metodologia apresentada. Note-se que o processo é relativamente informal, onde em alguns casos não há uma divisão explícita nas diversas fases demonstradas. A base desenvolvida foi "DETECÇÃO DE PANES EM BUZINAS DE AUTOMÓVEIS", cuja listagem parcial das regras é apresentada no item 4.9.2.7.

4.9.2.1 Estudo Preliminar

Para o caso em questão, o especialista a consultar seria um eletricista de automóveis. Nas primeiras conversas, verifica-se a existência de um processo empírico para diagnosticar as possíveis panes. Utiliza-se como instrumento de medida uma lâmpada de teste (LT), para determinar a existência ou não de corrente elétrica nos diversos terminais do circuito da buzina. Na prática são executadas várias medições, e, de acordo com os resultados, é obtido um diagnóstico acerca do defeito. As informações principais, levantadas nesta fase, são.

— Verificação do método empírico de solução, utilizado pelo eletricista.

— Obtenção dos elementos principais que compõem o circuito da buzina.

— Levantamento dos diversos pontos de medida.

— Anotação dos resultados das medidas que levam a alguma conclusão.

4.9.2.2 Análise de Viabilidade

Na análise do problema são observadas as seguintes particularidades:

— Existência de um método empírico de solução.
— Fatos envolvidos são objetivos, não necessitando de métodos heurísticos nem de fatores de certeza.
— Situações em geral apresentam dois estados possíveis sendo possível representar o conhecimento através de uma árvore binária. Por exemplo: "HÁ CORRENTE ELÉTRICA/NÃO HÁ CORRENTE ELÉTRICA", "A LT ACENDE/A LT NÃO ACENDE", etc.

Pelas características acima, conclui-se que o **PATER** pode ser utilizado, sem problemas.

4.9.2.3 Aquisição de Conhecimento

Neste momento, tem início, especificamente, a passagem do conhecimento empírico para uma forma organizada. Para este problema, o ponto de partida é fornecido por duas observações principais:

— O conhecimento pode ser hierarquizado, com diagnoses parciais de diversos níveis, para obtenção da solução final.
— A cada informação pode-se seguir dois caminhos: Um para a informação verdadeira e outro para a falsa.

Deste modo, verifica-se que o conhecimento pode ser expresso, na forma do gráfico da Fig. 17. Cada retângulo contém uma informação básica, um diagnóstico parcial ou um diagnóstico final (solução) e, cada um dessas assertivas corresponde a um nó do grafo conforme as especificações de variáveis apresentadas, na tabela 1 da página seguinte. A buzina tem um fio verde, um fio preto e um fio terra (em geral, branco). Cada caminho no nó inicial até um nó final (o qual indica um diagnóstico final) corresponde a uma forma ''booleana'' de uma determinada pane. Exemplo: Seja IP5 o diagnóstico ''TROCAR O RELÉ''. A equação ''booleana'' obtida é:

IP5 = (not IP1) and (IP2) and (not IP3).

As formas ''booleanas'' referentes ao gráfico da Fig. 17 são listadas na tabela 2.

Onde LT é a lâmpada teste, com os terminais P1 e P2.

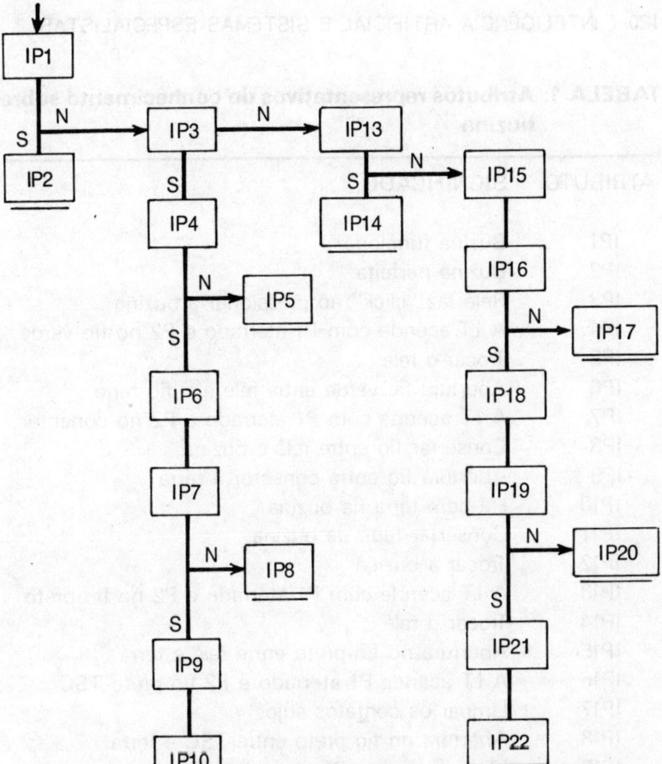

Fig. 17 — Gráfico representativo do conhecimento.

TABELA 1: Atributos representativos do conhecimento sobre buzina

ATRIBUTO	SIGNIFICADO
IP1	Buzina funciona
IP2	Buzina perfeita
IP3	Relé faz "click" ao pressionar a buzina
IP4	A LT acende com P1 aterrado e P2 no fio verde
IP5	Trocar o relé
IP6	Abertura fio verde entre relé e o fio terra
IP7	A LT acende com P1 aterrado e P2 no conector
IP8	Consertar fio entre relé e buzina
IP9	Abertura fio entre conector e terra
IP10	Há bom terra na buzina
IP11	Consertar terra da buzina
IP12	Trocar a buzina
IP13	A LT acende com P1 aterrado e P2 no fio preto
IP14	Trocar o relé
IP15	Abertura no fio preto entre relé e terra
IP16	A LT acende P1 aterrado e P2 fio preto TSC
IP17	Limpar os contatos sujos
IP18	Abertura no fio preto entre TSC e terra
IP19	LT acende com P1 aterrado e P2 no contato
IP20	Trocar fio entre contato e TSC
IP21	Abertura no fio entre contato e terra
IP22	Correia/terra na coluna de direção quebrada
IP23	Consertar terra no fio dos contatos
IP24	Trocar a rosca do engate

TABELA 2: Formas booleanas do conhecimento

IP2	=	(IP1)
IP5	=	(not IP1) and (IP3) and (not IP4)
IP6	=	(not IPI) and (IP3) and (IP4)
IP8	=	(IP6) and (not IP7)
IP9	=	(IP6) and (IP7)
IP11	=	(IP9) and (not IP10)
IP12	=	(IP9) and (IP10)
IP14	=	(not IP1) and (not IP3) and (IP13)
IP15	=	(not IPI) and (not IP3) and (not IP13)
IP17	=	(IP15) and (not IP16)
IP18	=	(IP15) and (IP16)
IP20	=	(IP18) and (not IP19)
IP21	=	(IP18) and (IP19)
IP23	=	(IP21) and (not IP22)
IP24	=	(IP21) and (IP22)

Na tabela 2, o conjunto de variáveis (atributos) à esquerda da igualdade são os conseqüentes. O conjunto das expressões à direita são os antecedentes.

4.9.2.4 Formalização do Conhecimento

Neste momento, passa-se a estudar como gerar as regras, na forma entendida pelo **PATER,** a partir das informações obtidas nas fases anteriores. Para este problema, o processo resume-se em selecionar e caracterizar os atributos, uma vez que as regrãs já foram esboçadas.

Conforme mencionado, os nós do gráfico da Fig. 17 representam três tipos de informação:

— Idéias centrais (que possibilitem tirar conclusões).

4.9.2.5 Esboço das Regras

A partir dos atributos definidos, e de posse do gráfico da Fig. 17, para sintetizar as regras basta observar as representações da tabela 2 e colocá-las na forma de atributo-predicado-valor. Por exemplo, seja a regra

IP5 = (not IP1) and (IP3) and (not IP4).

Tem-se:

IP1 — BUZINA FUNCIONA.
not IP1 — BUZINA NÃO FUNCIONA.

Na forma de cláusula: "BUZINA FUNCIONA É NÃO".

De maneira análoga obtêm-se as demais cláusulas formando a seguinte regra:

SE

BUZINA FUNCIONA É NÃO (FALSO)
LT ACENDE COM P1 ATERRADO E P2 NO FIO VERDE É SIM (verdadeiro)
RELÉ FAZ CLICK AO PRESSIONAR BUZINA É NÃO

ENTÃO

DIAGNÓSTICO FINAL DA PANE É TROCAR O RELÉ

As demais regras são obtidas pelo mesmo processo e o leitor poderá se exercitar completando-as. Em seguida compare com as regras por nós obtidas e descritas no item 4.9.2.7.

4.9.2.6 Refinamento do Sistema

Para a entrada da base no **PATER** recomenda-se quc, cm princípio, sejam digitados os atributos e valores com as características já levantadas. Em seguida, as regras são editadas gradativamente. Tão logo seja possível, deve-se começar a simular pequenas consultas e observar os resultados. É interessante, inclusive, colocar os atributos de diagnóstico parcial como ''OBJETIVOS'' e executar consultas acerca destes, para verificar se as conclusões parciais são corretas. À medida que sejam obtidos resultados corretos, novas regras são inseridas até o sistema ficar completo.

No item 4.9.2.7, descrevemos como deverão ficar as regras dentro da ferramenta **PATER**.

4.9.2.7 Listagem de Regras

REGRA 1

SE
1) BUZINA FUNCIONAL É SIM
ENTÃO
2) DIAGNÓSTICO FINAL DA PANE É BUZINA PERFEITA

REGRA 2

SE
1) RELÉ FAZ "CLICK" AO PRESSIONAR A BUZINA É SIM
2) A LT ACENDE COM P1 ATERRADO E P2 NO RIO VERDE É NÃO
3) BUZINA FUNCIONA É NÃO
ENTÃO
4) DIAGNÓSTICO FINAL DA PANE É TROCAR O RELÉ

REGRA 3

SE

1) A LT ACENDE COM P1 ATERRADO E P2 NO FIO VERDE É SIM

2) RELÉ FAZ "CLICK" AO PRESSIONAR A BUZINA É SIM

3) BUZINA FUNCIONA É NÃO

ENTÃO

4) PRIMEIRO DIAGNÓSTICO PARCIAL É ABERTURA FIO VERDE ENTRE RELÉ/TERRA

REGRA 4

SE

1) A LT ACENDE COM P1 ATERRADO E NO P2 NO CONECTOR É NÃO

2) PRIMEIRO DIAGNÓSTICO PARCIAL É ABERTURA NO FIO VERDE ENTRE RELÉ/TERRA

ENTÃO

3) DIAGNÓSTICO FINAL DA PANE É CONSERTAR FIO ENTRE RELÉ/BUZINA

REGRA 5

SE

1) PRIMEIRO DIAGNÓSTICO PARCIAL É ABERTURA NO FIO VERDE ENTRE RELÉ/TERRA

2) A LT ACENDE COM P1 ATERRADO E P2 NO CONECTOR É SIM
ENTÃO
3) SEGUNDO DIAGNÓSTICO PARCIAL É ABERTURA NO FIO ENTRE CONECTOR/TERRA

REGRA 6

SE	
1) HÁ BOM TERRA NA BUZINA	É NÃO
2) SEGUNDO DIAGNÓSTICO PARCIAL	É ABERTURA NO FIO ENTRE CONECTOR/TERRA
ENTÃO	
3) DIAGNÓSTICO FINAL DA PANE	É CONSERTAR O TERRA DA BUZINA

REGRA 7

SE	
1) SEGUNDO DIAGNÓSTICO PARCIAL	É ABERTURA NO FIO ENTRE CONECTOR/TERRA

2) HÁ BOM TERRA NA BUZINA	É SIM
ENTÃO	
3) DIAGNÓSTICO FINAL DA PANE	É TROCAR A BUZINA

REGRA 8

SE	
1) A LT ACENDE COM P1 ATERRADO E P2 NO FIO PRETO	É SIM
2) RELÉ FAZ "CLICK" AO PRESSIONAR A BUZINA	É NÃO
3) BUZINA FUNCIONA	É NÃO
ENTÃO	
4) DIAGNÓSTICO FINAL DA PANE	É TROCAR O RELÉ

REGRA 9

---

1) A LT ACENDE COM P1 ATERRADO E P2 NO FIO PRETO	É NÃO
2) RELÉ FAZ "CLICK" AO PRESSIONAR A BUZINA	É NÃO
3) BUZINA FUNCIONA	É NÃO
ENTÃO	

4) PRIMEIRO DIAGNÓSTICO PARCIAL É ABERTURA NO FIO PRETO ENTRE RELÉ/TERRA

REGRA 10

NÃO EXISTE. O LEITOR DEVE COMPLETAR OLHANDO A FIGURA 17, TABELAS 1 E 2.

REGRA 11

SE
1) LT ACENDE P1 ATERRADO E
P2 NO FIO PRETO TSC É SIM
2) PRIMEIRO DIAGNÓSTICO/PARCIAL É ABERTURA FIO PRETO ENTRE RELÉ/TERRA
ENTÃO
3) SEGUNDO DIAGNÓSTICO PARCIAL É ABERTURA FIO PRETO ENTRE TSC/TERRA

REGRA 12

SE
1) LT ACENDE COM P1
ATERRADO E P2 NO CONTATO É NÃO
2) SEGUNDO DIAGNÓSTICO PARCIAL É ABERTURA NO FIO PRETO ENTRE TSC/TERRA
ENTÃO

3) DIAGNÓSTICO FINAL DA PANE É TROCAR FIO ENTRE CONTATO/ TSC

REGRA 13

SE
1) LT ACENDE COM P1 ATERRADO E P2 NO CONTATO É SIM
2) SEGUNDO DIAGNÓSTICO PARCIAL É ABERTURA NO FIO PRETO ENTRE TSC/TERRA
ENTÃO
3) TERCEIRO DIAGNÓSTICO PARCIAL É ABERTURA NO FIO ENTRE CONTATO/TERRA

REGRA 14

SE
1) CORREIA/TERRA NA COLUNA DA DIREÇÃO QUEBRADA É NÃO
2) TERCEIRO DIAGNÓSTICO PARCIAL É ABERTURA NO FIO ENTRE CONTATO/TERRA
ENTÃO
3) DIAGNÓSTICO FINAL DA PANE É CONSERTAR TERRA NO FIO DOS CONTATOS

REGRA 15

SE
1) CORREIA/TERRA NA COLUNA DA DIREÇÃO QUEBRADA É SIM
2) TERÇEIRO DIAGNÓSTICO PARCIAL É ABERTURA NO FIO ENTRE CONTATO/TERRA
ENTÃO
3) DIAGNÓSTICO FINAL DA PANE É TROCAR A ROSCA DO ENGATE

4.10 Ferramenta EXSYS*

Essa ferramenta apresenta as seguintes características:

— escrita na linguagem C;
— as regras (conhecimentos) são verificadas através da estratégia de encadeamento para trás;
— é utilizada em computador pessoal de 16 bits, com o sistema operacional DOS 2.X;
— possui programa editor de regras;
— pode chamar programas externos e receber dados de volta para análise; pode passar dados para programas externos;
— possui internamente um gerador de relatórios.

* Software americano, adaptado no Brasil pela Base Tecnologia.

Ao adquirir o EXSYS, é fornecido um manual do usuário que ensina a colocar as regras no sistema. E, portanto, você construirá um SE, com auxílio dessa ferramenta.

4.11 Ferramenta PATER*

O PATER é um gerador de sistemas especialistas para microcomputadores de 8 e 16 bits. O sistema é composto por dois módulos principais: um editor de regras e um executor de inferências.

No PATER as regras são definidas da seguinte forma:

Regra: = Se cláusulas então cláusulas senão cláusulas [FC=]

Onde:

FC é o fato de certeza em percentagem das conclusões.

Cláusulas são da forma:

— Expressões aritméticas
— Atributo = Lista de valores

---

* Software brasileiro, pesquisado e desenvolvido no Brasil por empresa brasileira, TECSIS — Tecnologia de Sistemas Inteligentes, a partir de um trabalho do autor com seu aluno [47].

Os atributos são idéias centrais do conhecimento a ser formalizado que em cada regra pode receber um valor diferente.

Ex: Num sistema de classificação de vegetais teríamos como atributos:

família do vegetal
forma das folhas
posição do caule etc.

Assim, com estes atributos poderíamos formar regras do tipo:

SE forma das folhas = escamosa
posição do caule = vertical

Então

família do vegetal = giminosperma [PC=100]

Note que, em cada cláusula, o atributo pode estar associado a mais de um valor, ou seja, FORMA DAS FOLHAS = escamosa ou lisa.

Desta forma o especialista poderá formalizar o conhecimento definindo inicialmente uma série de atributos e variáveis; posteriormente construir as regras através dos valores dos atributos e de expressões aritméticas formadas pelas variáveis.

4.11.1 Sistema de Janelas do PATER

A — Início, chamando diretório.

PATER:MENU-/DIRETÓRIO		MODIF.	REGRAS	ATB.	VALORES
BASE	EXPLICAÇÃO				
VEGETAIS	CLASSIFICAÇÃO				
	DE VEGETAIS	02/03/88	10	10	19
DEFMOTOR	DEFEITOS EM				
	MOTORES DE				
	AUTOMÓVEIS	01/04/88	73	32	93
GAP	ADAPTAÇÃO				
	DE PROJETOS	21/03/88	111	107	107

DIRETÓRIO DESENVOLVIMENTO S. OPERACIONAL TERMINAR

B — Alterando uma regra (Fig. 18).

As regras do PATER são armazenadas internamente por expressões do tipo

A1 = V1, V2, ... (A1 tem o valor V1 ou V2).

Desta forma, a partir da listagem da regra na Fig. 19, para alterar qualquer das cláusulas basta posicionar o cursor na desejada e através da tecla F2 obter a representação interna da cláusula. No caso, na Fig. 20 vê-se a representação interna da cláusula ''Situação do motor = sem potência'', que é A2 = V32. Ou seja, o Atributo ''Situação do motor'' é o A2 e o valor ''sem potência'' é o V32.

PATER:MENU-/DESENVOLVIMENTO/EDIÇÃO/
REGRA/ALTERAÇÃO BASE:DEFMOTOR

Se
SITUAÇÃO DO MOTOR = SEM POTÊNCIA
e
SITUAÇÃO DO AVANÇO AUTOMÁTICO = NORMAL
e
SITUAÇÃO DO COMBUSTÍVEL = SUJO
Então
A SOLUÇÃO DO PROBLEMA NO MOTOR = TROCAR O COMBUSTÍVEL (FC=100)
Senão

NÚMERO da REGRA: 73:

Fig. 18

PATER:MENU-/DESENVOLVIMENTO/EDIÇÃO/
REGRA/ALTERAÇÃO BASE:DEFMOTOR

Se
A2=V32
e
SITUAÇÃO DO AVANÇO AUTOMÁTICO = NORMAL
e
SITUAÇÃO DO COMBUSTÍVEL = SUJO
Então
A SOLUÇÃO DO PROBLEMA NO MOTOR = TROCAR O COMBUSTÍVEL (FC=100)
Senão

NÚMERO da REGRA: 73:

Fig. 19

Para obter a lista de Atributos ou valores basta digitar as teclas F3 ou F4, respectivamente, como mostrado nas Figs. 20 e 21.

C — Mostra das janelas do PATER, com inclusão, na tela, por seleção de tecla do PC, de outras janelas. Por exemplo, através da tecla F3 é possível navegar para editar qualquer dos atributos.

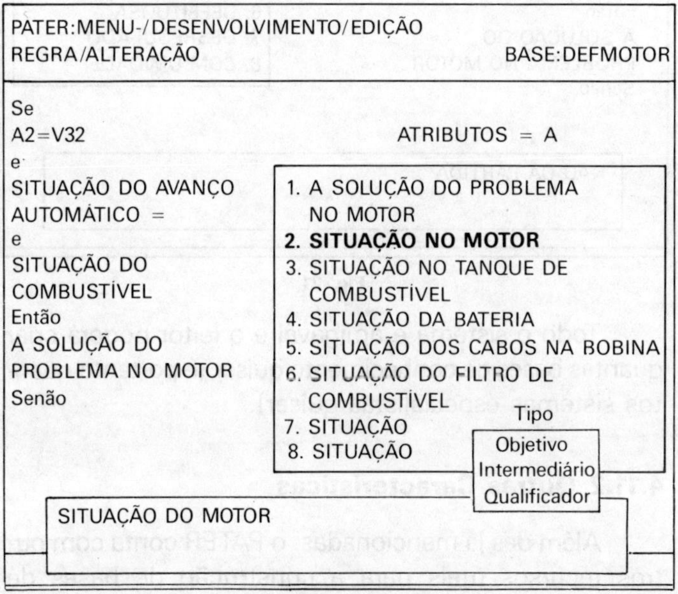

Fig. 20

PATER:MENU-/DESENVOLVIMENTO/EDIÇÃO/
REGRA/ALTERAÇÃO BASE: DEFMOTOR

Se
SITUAÇÃO DO MOTOR
e
SITUAÇÃO DO AVANÇO
AUTOMÁTICO =
e
SITUAÇÃO DO
COMBUSTÍVEL
Então
A SOLUÇÃO DO
PROBLEMA NO MOTOR
Senão

VALORES — V

1. **NÃO DÁ PARTIDA**
2. VAZIO
3. FRACA
4. SOLTOS
5. GIGLEUR OBSTRUÍDO
6. DEFEITUOSA
7. DESREGULADO
8. COM UMIDADE

NÃO DÁ PARTIDA

Fig. 21

Todo o sistema é amigável e o leitor poderá criar quantas bases de conhecimento quiser (e portanto quantos sistemas especialistas quiser).

4.11.2 Outras Características

Além das já mencionadas, o PATER conta com outros recursos úteis para a construção de bases de conhecimentos.

— Execução de Programas externos

O PATER tem a capacidade de executar de dentro de suas regras qualquer programa externo (desde que haja memória disponível) qualquer linguagem. Desta forma, eventuais recursos não disponíveis, tais como gráficos ou gerenciamento de bases de dados poderão ser supridos por estes programas. Quaisquer dos elementos da base de conhecimento (atributos, valores em variáveis) podem ser passados para os programas externos.

Exemplo

Se

Taxa de Retorno 0,15

e

Risco de Investimento = grande

Então

Investimento = recusado

e

RODE (RELAT.EXE/A1, A2, A3)

No exemplo da pagina anterior, o programa ''RELAT. EXE'' escrito em qualquer linguagem poderia montar um relatório detalhado em função dos atributos A1, A2 e A3 (que são passados através de um arquivo).

— Justificação

A cada ponto da execução das consultas, o usuário pode perguntar ao sistema *por que* determinada pergunta está sendo feita. O sistema, então, mostrará a regra que está sendo utilizada. A cada conclusão o sistema poderá mostrar *como* chegou a ela, mostrando todo o encadeamento de regras utilizado.

— Simulação

Após cada consulta é possível executar novamente o sistema, trocando apenas algumas das respostas. Por exemplo, supondo que numa consulta a uma base de Seleção de Investimento o usuário tenha respondido para ''Risco de Investimento'' o valor ''pequeno'' e tenha obtido determinada resposta, se quisesse saber ''E se o Risco de Investimento fosse grande?'', bastaria trocar apenas o valor deste atributo e mandar o sistema rodar novamente com todo o contexto anterior com a nova situação proposta.

— Relatórios

O PATER pode gerar na impressora um relatório acerca da consulta realizada. Este relatório contém todos os fatos obtidos, bem como as regras utilizadas na obtenção das soluções.

4.12 Exemplo Completo da Criação de um Sistema Especialista Usando o PATER

Veremos abaixo como criar um sistema especialista.

Identificação do problema: Diagnosticar falhas existentes no motor de um automóvel.

Atributos e valores que aparecem no problema, nesse caso já com uma árvore de decisão.

4.12.1 Árvore de Decisão — Representando o Conhecimento de como Diagnosticar Falhas de um Motor de Carro

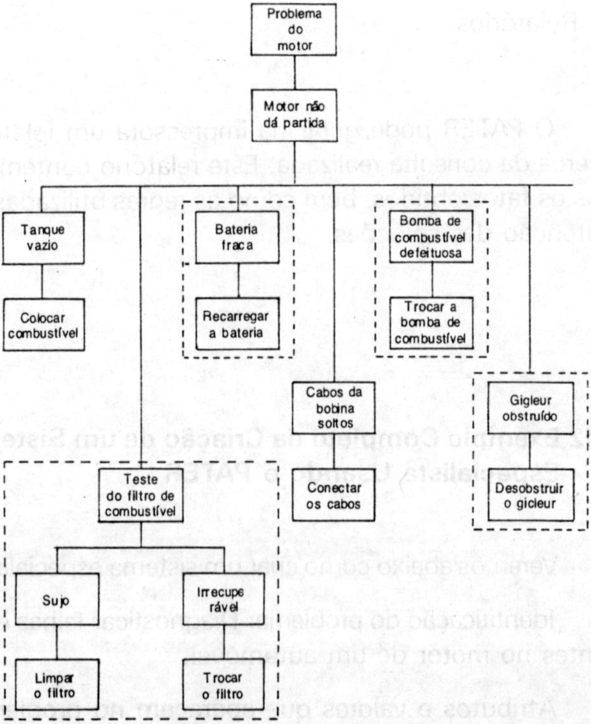

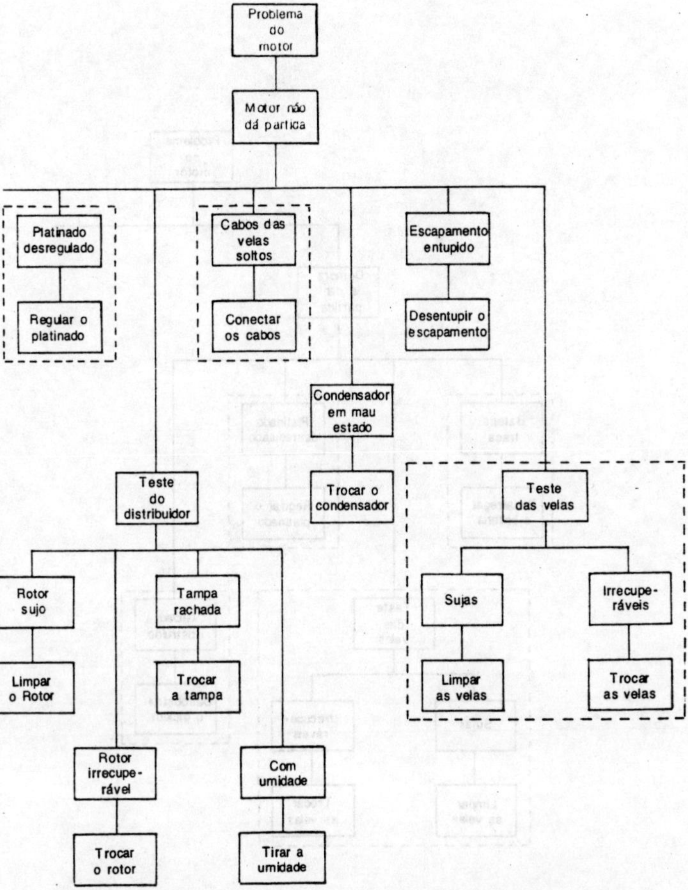
Problema do motor
Motor não dá partida
Platinado desregulado
Regular o platinado
Cabos das velas soltos
Conectar os cabos
Escapamento entupido
Desentupir o escapamento
Condensador em mau estado
Trocar o condensador
Teste do distribuidor
Teste das velas
Rotor sujo
Limpar o Rotor
Tampa rachada
Trocar a tampa
Rotor irrecupe-rável
Trocar o rotor
Com umidade
Tirar a umidade
Sujas
Limpar as velas
Irrecupe-ráveis
Trocar as velas

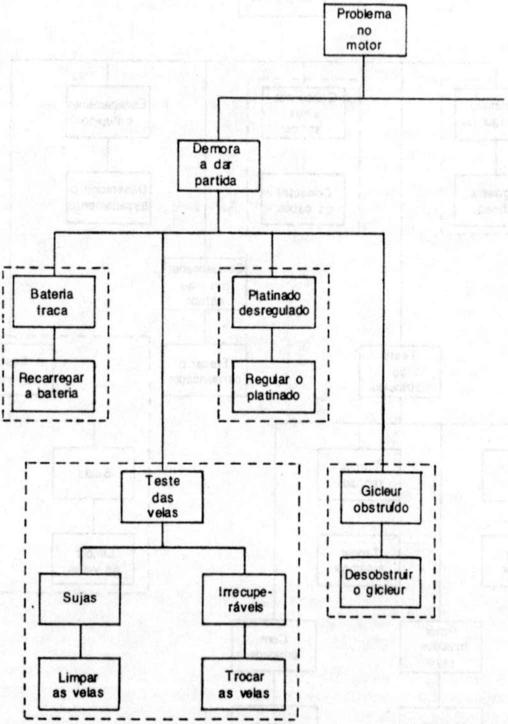
Problema no motor
Demora a dar partida
Bateria fraca
Recarregar a bateria
Platinado desregulado
Regular o platinado
Teste das velas
Sujas
Irrecuperáveis
Limpar as velas
Trocar as velas
Gicleur obstruído
Desobstruir o gicleur

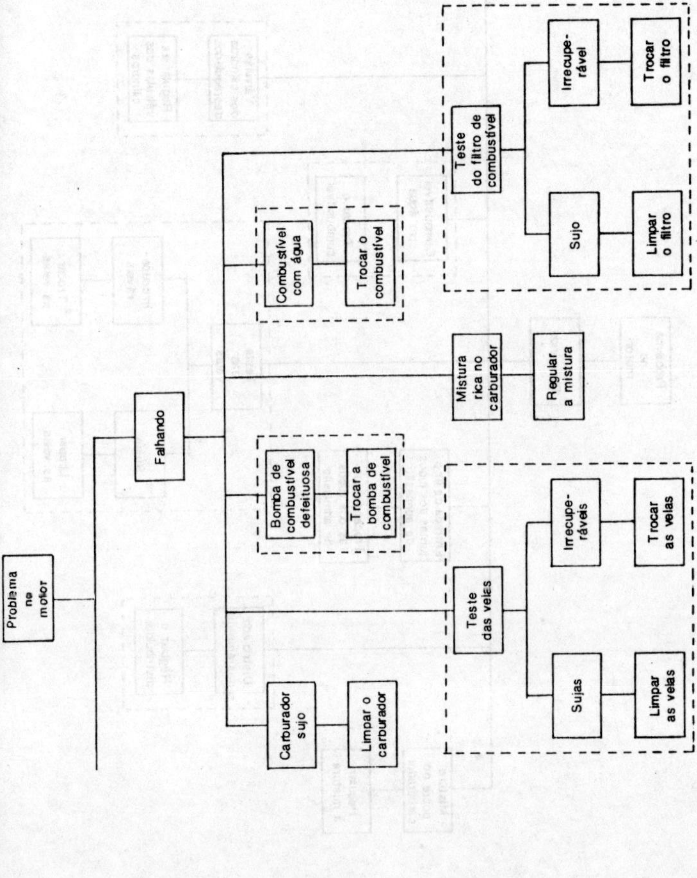
Problema no motor
Falhando
Carburador sujo
Limpar o carburador
Teste das velas
Sujas
Limpar as velas
Irrecupe-ráveis
Trocar as velas
Bomba de combustível defeituosa
Trocar a bomba de combustível
Mistura rica no carburador
Regular a mistura
Combustível com água
Trocar o combustível
Teste do filtro de combustível
Sujo
Limpar o filtro
Irrecupe-rável
Trocar o filtro

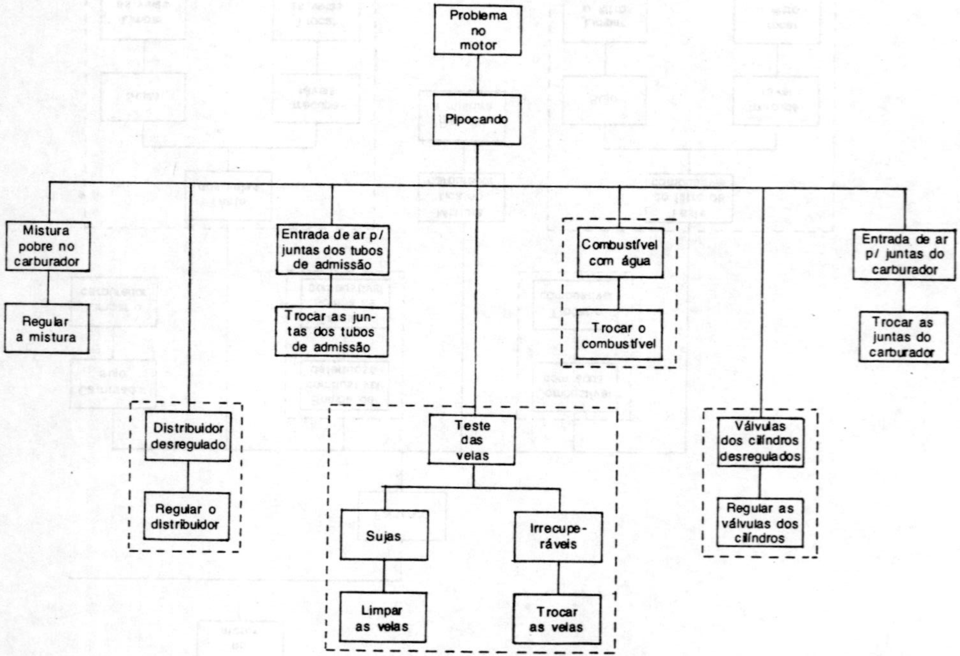
Problema no motor
Pipocando
Mistura pobre no carburador
Regular a mistura
Distribuidor desregulado
Regular o distribuidor
Entrada de ar p/ juntas dos tubos de admissão
Trocar as juntas dos tubos de admissão
Teste das velas
Sujas
Limpar as velas
Irrecuperáveis
Trocar as velas
Combustível com água
Trocar o combustível
Válvulas dos cilindros desregulados
Regular as válvulas dos cilindros
Entrada de ar p/ juntas do carburador
Trocar as juntas do carburador

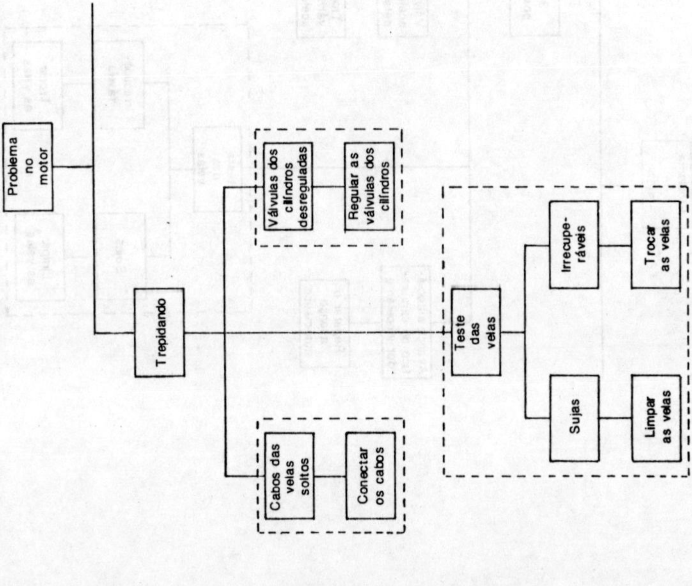
Problema no motor
Trepidando
Válvulas dos cilíndros desreguladas
Regular as válvulas dos cilíndros
Cabos das velas soltos
Conectar os cabos
Teste das velas
Irrecupe-ráveis
Trocar as velas
Sujas
Limpar as velas

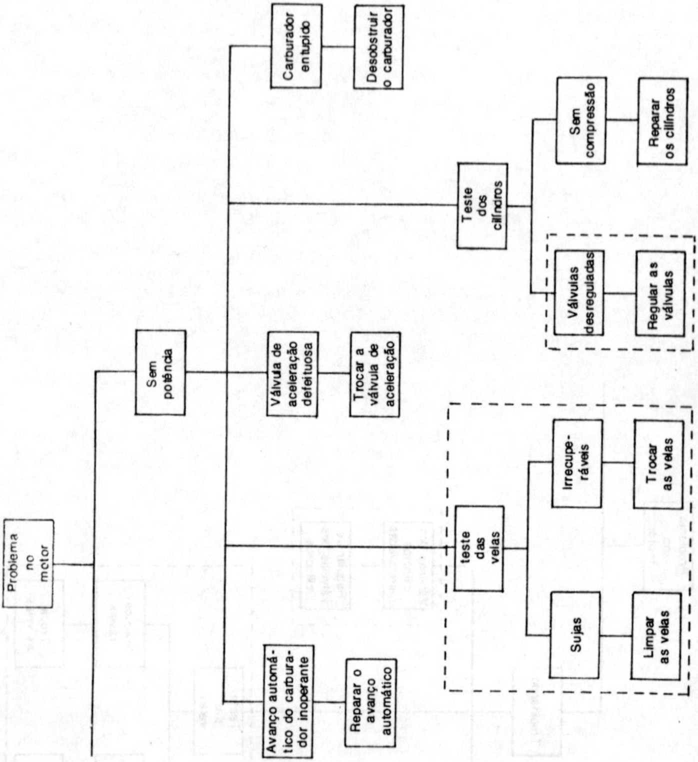
Problema no motor
Sem potência
Carburador entupido
Desobstruir o carburador
Teste dos cilíndros
Sem compressão
Reparar os cilíndros
Válvulas desreguladas
Regular as válvulas
Válvula de aceleração defeituosa
Trocar a válvula de aceleração
teste das velas
Irrecupe-ráveis
Trocar as velas
Sujas
Limpar as velas
Avanço automá-tico do carbura-dor inoperante
Reparar o avanço automático

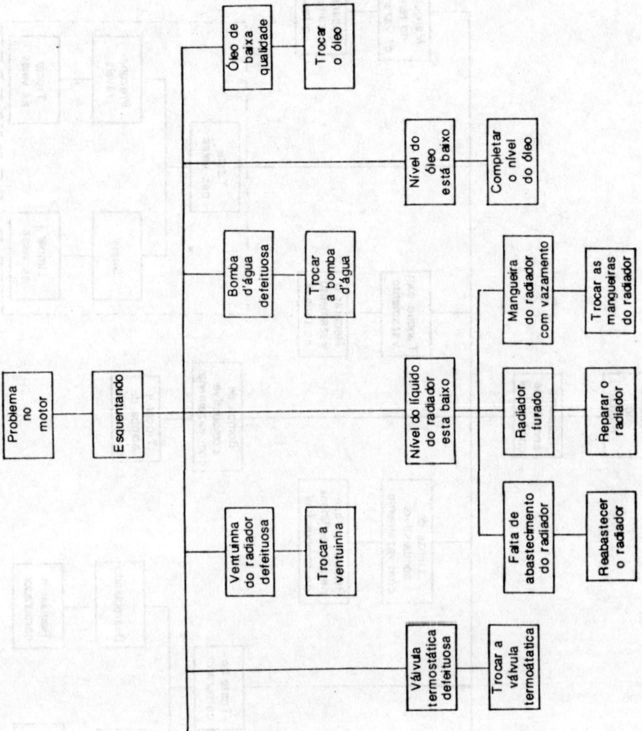
Problema no motor
Esquentando
Óleo de baixa qualidade
Trocar o óleo
Nível do óleo está baixo
Completar o nível do óleo
Bomba d'água defeituosa
Trocar a bomba d'água
Nível do líquido do radiador esta baixo
Mangueira do radiador com vazamento
Trocar as mangueiras do radiador
Radiador furado
Reparar o radiador
Falta de abastecimento do radiador
Reabastecer o radiador
Ventuinha do radiador defeituosa
Trocar a ventuinha
Válvula termostática defeituosa
Trocar a válvula termoátatica
Colméia do radiador obstruída
Desobstruir a colméia do radiador

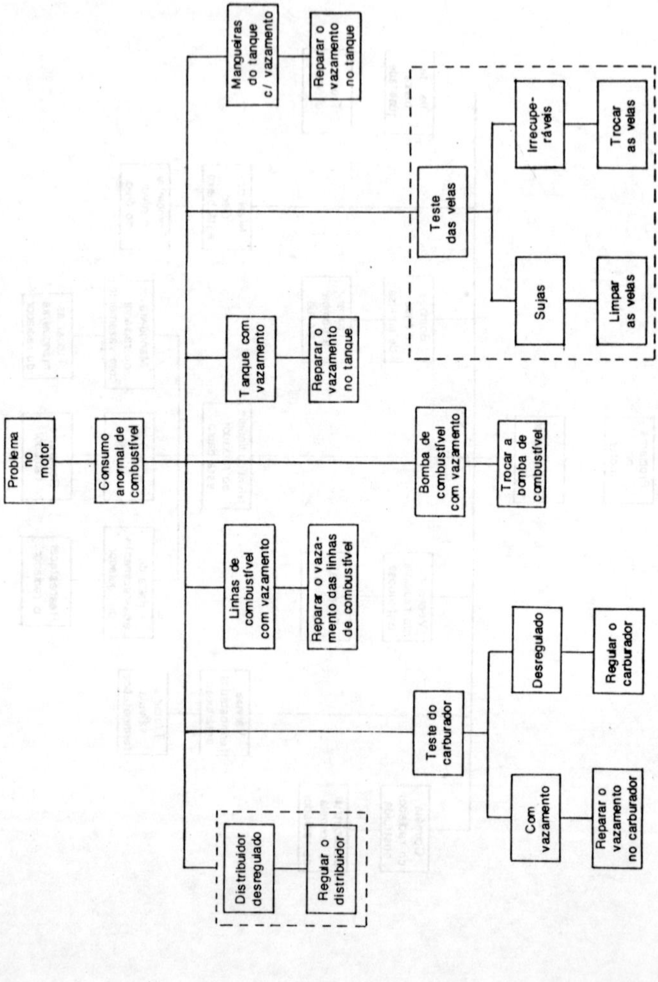
Problema no motor
Consumo anormal de combustível
Mangueiras do tanque c/ vazamento
Reparar o vazamento no tanque
Teste das velas
Irrecupe-ráveis
Trocar as velas
Sujas
Limpar as velas
Tanque com vazamento
Reparar o vazamento no tanque
Bomba de combustível com vazamento
Trocar a bomba de combustível
Linhas de combustível com vazamento
Reparar o vaza-mento das linhas de combustível
Teste do carburador
Desregulado
Regular o carburador
Com vazamento
Reparar o vazamento no carburador
Distribuidor desregulado
Regular o distribuidor

4.12.2 Base de Conhecimento — Motor Automóvel*

Base do Conhecimento: DEFMOTOR — ANÁLISE DO PROBLEMA NO MOTOR.

Listagem dos atributos

Número	Atributo	classe
1	A SOLUÇÃO DO PROBLEMA NO MOTOR	consultável
2	SITUAÇÃO DO MOTOR	qualificador
3	SITUAÇÃO DO TANQUE DE COMBUSTÍVEL	qualificador
4	SITUAÇÃO DA BATERIA	qualificador
5	SITUAÇÃO DOS CABOS DA BOBINA	qualificador
6	SITUAÇÃO DO FILTRO DE COMBUSTÍVEL	qualificador
7	SITUAÇÃO DA BOMBA DE COMBUSTÍVEL	qualificador
8	SITUAÇÃO DO PLATINADO	qualificador
9	SITUAÇÃO DO DISTRIBUIDOR	qualificador
10	SITUAÇÃO DO GICLEUR DO CARBURADOR	qualificador

* Base existente no Pater.

11	SITUAÇÃO DOS CABOS DAS VELAS	qualificador
12	SITUAÇÃO DAS VELAS	qualificador
13	SITUAÇÃO DO CONDENSADOR	qualificador
14	SITUAÇÃO DOS TUBOS DE ADMISSÃO	qualificador
15	SITUAÇÃO DO ESCAPAMENTO	qualificador
16	SITUAÇÃO DO CARBURADOR	qualificador
17	SITUAÇÃO DA MISTURA DO CARBURADOR	qualificador
18	SITUAÇÃO DO COMBUSTÍVEL	qualificador
19	SITUAÇÃO DOS CILINDROS	qualificador
20	NÍVEL DO LÍQUIDO DO RADIADOR	qualificador
21	SITUAÇÃO DO RADIADOR	qualificador
22	SITUAÇÃO DAS MANGUEIRAS DO RADIADOR	qualificador
23	SITUAÇÃO DA VÁLVULA TERMOSTÁTICA	qualificador

24	SITUAÇÃO DA VENTUINHA	qualificador
25	SITUAÇÃO DA BOMBA D'ÁGUA	qualificador
26	NÍVEL DE ÓLEO	qualificador
27	QUALIDADE DO ÓLEO	qualificador
28	SITUAÇÃO DO AVANÇO AUTOMÁTICO DO CARBURADOR	qualificador
29	SITUAÇÃO DA VÁLVULA DE ACELERAÇÃO	qualificador
30	SITUAÇÃO DAS LINHAS DE COMBUSTÍVEL	qualificador
31	TESTE DO RADIADOR	intermediário
32	TESTE DO TANQUE	intermediário

4.12.3 Listagem dos Valores

Número	Valor
1	NÃO DÁ PARTIDA
2	VAZIO
3	FRACA
4	SOLTOS
5	GICLEUR OBSTRUÍDO
6	DEFEITUOSA

7	DESREGULADO
8	COM UMIDADE
9	EM MEU ESTADO
10	ROTOR SUJO
11	ROTOR IRRECUPERÁVEL
12	TAMPA RACHADA
13	ENTUPIDO
14	DEMORA A DAR PARTIDA
15	FALHANDO
16	SUJO
17	IRRECUPERÁVEL
18	RICA
19	COM ÁGUA
20	PIPOCANDO
21	POBRE
22	ENTRADA DE AR PELAS JUNTAS
23	VÁLVULAS DESREGULADAS
24	ESQUENTANDO
25	BAIXO
26	COM FALTA DE ABASTECIMENTO
27	FURADO
28	COM VAZAMENTO
29	COLMÉIA OBSTRUÍDA
30	DE BAIXA QUALIDADE
31	TREPIDANDO
32	SEM POTÊNCIA
33	INOPERANTE

34 SEM COMPRESSÃO
35 CONSUMO ANORMAL DE COMBUSTÍVEL
36 COLOCAR COMBUSTÍVEL
37 RECARREGAR A BATERIA
38 CONECTAR OS CABOS DA BOBINA
39 LIMPAR O FILTRO DE COMBUSTÍVEL
40 TROCAR O FILTRO DE COMBUSTÍVEL
41 TROCAR A BOMBA DE COMBUSTÍVEL
42 REGULAR O PLATINADO
43 TIRAR UMIDADE DO DISTRIBUIDOR
44 DESOBSTRUIR O GICLEUR
45 CONECTAR OS CABOS DAS VELAS
46 LIMPAR OU TROCAR AS VELAS
47 TROCAR O CONDENSADOR
48 LIMPAR O ROTOR DO DISTRIBUIDOR
49 TROCAR O ROTOR DO DISTRIBUIDOR
50 TROCAR A TAMPA DO DISTRIBUIDOR
51 DESENTUPIR O ESCAPAMENTO

4.12.4 Listagem de Algumas Regras

REGRA 1

SE
ENTÃO

probabilidade 100 conectivo E

REGRA 2

SE	
1) SITUAÇÃO DO MOTOR	E' NÃO DÁ PARTIDA
2) SITUAÇÃO DO TANQUE	
DE COMBUSTÍVEL	E' VAZIO
ENTÃO	
3) A SOLUÇÃO DO	E' COLOCAR
PROBLEMA NO MOTOR	COMBUSTÍVEL

probabilidade 100 conectivo E

REGRA 3

SE	
1) SITUAÇÃO DO MOTOR	E' NÃO DÁ PARTIDA
2) SITUAÇÃO DA BATERIA	E' FRACA
3) SITUAÇÃO DO TANQUE	
DE COMBUSTÍVEL	E' ABASTECIDO
ENTÃO	
4) A SOLUÇÃO DO	E' RECARREGAR
PROBLEMA DO MOTOR	A BATERIA

probabilidade 100 conectivo E

REGRA 4

SE
1) SITUAÇÃO DO MOTOR E' NÃO DÁ PARTIDA
2) SITUAÇÃO DOS CABOS
DA BOBINA E' SOLTOS
3) SITUAÇÃO DA BATERIA E' CARREGADA
ENTÃO
4) A SOLUÇÃO DO E' CONECTAR OS
PROBLEMA DO MOTOR CABOS DA BOBINA

probabilidade 100 conectivo E

REGRA 5

SE
1) SITUAÇÃO DO MOTOR E' NÃO DÁ PARTIDA
2) SITUAÇÃO DO FILTRO
DE COMBUSTÍVEL E' SUJO
3) SITUAÇÃO DOS CABOS
DA BOBINA E' CONECTADOS
ENTÃO
4) A SOLUÇÃO DO E' LIMPAR O FILTRO
PROBLEMA DO MOTOR DE COMBUSTÍVEL

probabilidade 100 conectivo E

REGRA 6

SE
1) SITUAÇÃO DO MOTOR E' NÃO DÁ PARTIDA
2) SITUAÇÃO DO FILTRO
DE COMBUSTÍVEL E' IRRECUPERÁVEL
ENTÃO
3) A SOLUÇÃO DO PROBLEMA NO MOTOR E' TROCAR O FILTRO DE COMBUSTÍVEL

probabilidade 100 conectivo E

REGRA 7

SE
1) SITUAÇÃO DO MOTOR E' NÃO DÁ PARTIDA
2) SITUAÇÃO DA BOMBA
DE COMBUSTÍVEL E' DEFEITUOSA
3) SITUAÇÃO DO FILTRO
DE COMBUSTÍVEL E' EM BOM ESTADO
ENTÃO
4) A SOLUÇÃO DO PROBLEMA NO MOTOR E' TROCAR A BOMBA DE COMBUSTÍVEL

probabilidade 100 conectivo E

REGRA 8

SE

1) SITUAÇÃO DO MOTOR	E' NÃO DÁ PARTIDA
2) SITUAÇÃO DO PLATINADO	E' DESREGULADO
3) SITUAÇÃO DA BOMBA DE COMBUSTÍVEL	E' EM BOM ESTADO
ENTÃO	
4) A SOLUÇÃO DO PROBLEMA NO MOTOR	E' REGULAR O PLATINADO

probabilidade 100 conectivo E

REGRA 9

SE

ENTÃO

probabilidade 100 conectivo E

REGRA 10

SE

1) SITUAÇÃO DO MOTOR	E' NÃO DÁ PARTIDA
2) SITUAÇÃO DO CARBURADOR	E' GICLEUR OBSTRUÍDO

3) SITUAÇÃO DO PLATINADO	E' REGULADO
ENTÃO	
4) A SOLUÇÃO DO PROBLEMA NO MOTOR	E' DESOBSTRUIR O GICLEUR

probabilidade 100 conectivo E

REGRA 58

SE	
1) SITUAÇÃO DO MOTOR	E' SEM POTÊNCIA
2) SITUAÇÃO DAS VELAS	E' IRRECUPERÁVEIS
ENTÃO	
3) A SOLUÇÃO DO PROBLEMA NO MOTOR	E' TROCAR AS VELAS

probabilidade 100 conectivo E

REGRA 59

SE	
1) SITUAÇÃO DO MOTOR	E' SEM POTÊNCIA
2) SITUAÇÃO DAS VELAS	E' NORMAIS
3) SITUAÇÃO DOS CILINDROS	E' VÁLVULAS DESREGULADAS
ENTÃO	

4) A SOLUÇÃO DO PROBLEMA NO MOTOR	E' REGULAR VÁLVULAS DOS CILINDROS

probabilidade 100 conectivo E

REGRA 60

SE

1) SITUAÇÃO DO MOTOR	E' SEM POTÊNCIA
2) SITUAÇÃO DOS CILINDROS	E' SEM COMPRESSÃO
ENTÃO	
3) A SOLUÇÃO DO PROBLEMA NO MOTOR	E' REPARAR OS CILINDROS

probabilidade 100 conectivo E

REGRA 61

SE

1) SITUAÇÃO DO MOTOR	E' CONSUMO ANORMAL DE COMBUSTÍVEL
2) SITUAÇÃO DO CARBURADOR	E' DESREGULADO
ENTÃO	

3) A SOLUÇÃO DO PROBLEMA NO MOTOR	E' REGULAR O CARBURADOR

probabilidade 100 conectivo E

REGRA 62

SE

1) SITUAÇÃO DO MOTOR	E' CONSUMO ANORMAL DE COMBUSTÍVEL
2) SITUAÇÃO DO DISTRIBUIDOR	E' DESREGULADO
ENTÃO	
3) A SOLUÇÃO DO PROBLEMA NO MOTOR	E' REGULAR O DISTRIBUIDOR

probabilidade 100 conectivo E

REGRA 63

SE

1) SITUAÇÃO DO MOTOR	E' CONSUMO ANORMAL DE COMBUSTÍVEL
2) SITUAÇÃO DAS VELAS	E' SUJAS

ENTÃO

3) A SOLUÇÃO DO PROBLEMA NO MOTOR	E' LIMPAR AS VELAS

probabilidade 100 conectivo E

REGRA 64

SE

1) SITUAÇÃO DO MOTOR	E' CONSUMO ANORMAL DE COMBUSTÍVEL
2) SITUAÇÃO DAS VELAS	E' IRRECUPERÁVEIS
ENTÃO	
3) A SOLUÇÃO DO PROBLEMA NO MOTOR	E' TROCAR AS VELAS

probabilidade 100 conectivo E

REGRA 65

SE

1) SITUAÇÃO DO MOTOR	E' CONSUMO ANORMAL DE COMBUSTÍVEL
2) SITUAÇÃO DAS LINHAS DE COMBUSTÍVEL	E' COM VAZAMENTO
ENTÃO	

3) A SOLUÇÃO DO PROBLEMA NO MOTOR E' REPARAR VAZAM. LINHA DE COMBUS

probabilidade 100 conectivo E

REGRA 66

SE

1) SITUAÇÃO DO MOTOR E' CONSUMO ANORMAL DE COMBUSTÍVEL

2) SITUAÇÃO DAS LINHAS DE COMBUSTÍVEL E' NORMAIS

3) SITUAÇÃO DA BOMBA DE COMBUSTÍVEL E' COM VAZAMENTO

ENTÃO

4) A SOLUÇÃO DO PROBLEMA NO MOTOR E' TROCAR A BOMBA DE COMBUSTÍVEL

probabilidade 100 conectivo E

REGRA 67

SE

1) SITUAÇÃO DO MOTOR E' CONSUMO ANORMAL DE COMBUSTÍVEL

2) SITUAÇÃO DA BOMBA
DE COMBUSTÍVEL E' EM BOM ESTADO
3) SITUAÇÃO DO
CARBURADOR E' COM VAZAMENTO
ENTÃO
4) A SOLUÇÃO DO PROBLEMA NO MOTOR E' REPARAR VAZAMENTO CARBURADOR

probabilidade 100 conectivo E

REGRA 68

SE
1) SITUAÇÃO DO MOTOR E' CONSUMO ANORMAL DE COMBUSTÍVEL
2) SITUAÇÃO DO
CARBURADOR E' NORMAL
3) SITUAÇÃO DO TANQUE
DE COMBUSTÍVEL E' COM VAZAMENTO
ENTÃO
4) A SOLUÇÃO DO PROBLEMA NO MOTOR E' REPARAR VAZAMENTO NO TANQUE

probabilidade 100 conectivo E

REGRA 69

SE	
1) NÍVEL DO LÍQUIDO DO RADIADOR	E' BAIXO
2) SITUAÇÃO DO RADIADOR	E' COM FALTA DE ABASTECIMENTO
ENTÃO	
3) TESTE DO RADIADOR	E' 1

probabilidade 100 conectivo E

REGRA 70

SE	
1) NÍVEL DO LÍQUIDO DO RADIADOR	E' BAIXO
2) SITUAÇÃO DO RADIADOR	E' FURADO
ENTÃO	
3) TESTE DO RADIADOR	E' 2

probabilidade 100 conectivo E

REGRA 71

SE

1) NÍVEL DO LÍQUIDO DO RADIADOR	E' BAIXO
2) SITUAÇÃO DO RADIADOR	E' MANGUEIRAS COM VAZAMENTO
ENTÃO	
3) TESTE DO RADIADOR	E' 3

probabilidade 100 conectivo E

REGRA 72

SE

1) SITUAÇÃO DO MOTOR	E' CONSUMO ANORMAL DE COMBUSTÍVEL
2) SITUAÇÃO DO TANQUE DE COMBUSTÍVEL	E' MANGUEIRAS COM VAZAMENTO
ENTÃO	
3) A SOLUÇÃO DO PROBLEMA NO MOTOR	E' REPARAR VAZAMENTO NO TANQUE

probabilidade 100 conectivo E

4.13 Ferramentas para Sistemas Especialistas (SE's) Existentes no Mercado Mundial

Onde 1 significa linguagem de programação, 2 é linguagem de engenharia de conhecimento e 3 é uma linguagem de auxílio na aquisição de conhecimento.

FERRAMENTA	CATEGORIA	DESCRIÇÃO
AGE	3	Auxílio na seleção da arquitetura e projeto da representação. Baseada em regras (encadeamento para frente e para trás).
CSRL	2	Construção de SE's para diagnóstico. Baseada em QUADROS ("frames").
EMYCIN	2	Construção de SE's para diagnóstico. Baseada em regras (encadeamento para trás). Tipo esqueleto (origem: MYCIN) com Editor de Regras.
EXPERT	2	Construção de SE's para diagnóstico. Baseada em regras (encadeamento para

		trás). Tipo esqueleto (origem: CASNET) com Editor de Regras. Baseado em Procedimentos.
EXSYS	2	Baseada em regras (encadeamento para trás). Tipo propósito geral.
FLAVORS	2	Orientada para o objeto. Tipo propósito geral.
PATER	2	Baseada em regras (encadeamento para trás). Tipo propósito geral.
INTERLISP-D	1	Orientada para o procedimento.
KAS	2	Baseada em regras (encadeamento para frente e para trás) e rede semântica. Tipo esqueleto (origem: PROSPECTOR)
KES	2	Baseada em regras (encadeamento para trás) e QUADROS.
LES	2	Baseada em regras (encadeamento para frente e para trás) e QUADROS.
LISP	1	Orientada para o procedi-

		mento. Linguagem de manipulação simbólica.
LOOPS	3	Baseada em regras. Orientada para o procedimento, para o objeto e para o acesso. Encadeamento para trás e para frente.
M1	2	Baseada em regras (encadeamento para trás).
KEE	2	Baseada em Regras. Encadeamento para trás e para frente. Com Editor de Regras. Orientada para procedimento.
PROLOG	1	Baseada em lógica. Orientada para o procedimento.
ROGET	3	Interação com o especialista na aquisição de conhecimento. Baseada em regras (encadeamento para frente).
ROSIE	2	Baseada em regras (encadeamento para trás). Orientada para o procedimento.
ROSS	2	Orientada para o objeto.

TEIRESIAS	3	Interação com o especialista na aquisição de conhecimento na abordagem de regras.

4.14 Como se Constrói um SE sem Ferramenta Auxiliar?

Precisaremos, para a elaboração do protótipo, de uma equipe de trabalho (engenheiros ou analistas de conhecimento), da **formalização do conhecimento** (escolha da representação do conhecimento que estudamos no capítulo 2, e a **criação do motor de inferência** (detalhada, no capítulo 3, numa determinada linguagem de programação).

4.15 Modelagem do Conhecimento por Diagramas de Bloco

A diretriz do engenheiro de conhecimento será desenvolvida em consonância com a seguinte conjectura:

A GRANDE MAIORIA DOS PROBLEMAS DE DIAGNÓSTICO DE AVARIA PODE SER MODELADA POR PROCEDIMENTOS QUE REPRESENTAM CONHECIMENTO EM DIAGRAMAS DE BLOCO QUE SÃO GRAFOS.

Dado o grafo orientado da Fig. 22, suponha que cada vértice represente um fato em um dado domínio de conhecimento e que cada arco represente a veracidade ou falsidade desse fato. Então, o procedimento de avaria pode ser associado ao grafo da seguinte maneira:

— cada vértice contém uma assertiva, um fato, acerca do objetivo (equipamento mecânico, elétrico ou eletrônico) cuja avaria se quer diagnosticar. Cada fato é inserido no interior de um retângulo, de tal forma que além de grafo, a representação é um diagrama de blocos;

— o vértice A — vértice inicial — representa um fato que é um dado inicial (por exemplo, um sintoma do equipamento);

— os vértices B,C,D,J e K representam fatos adicionais (observados diretamente ou mensurados) acerca do objeto;

— os vértices E e F representam fatos inferidos sobre o objeto — em conseqüência dos fatos constantes dos vértices antecessores — e que constituem diagnósticos parciais possíveis, mas que ainda não são a solução para o problema;

— os vértices H,I,L,M,N e G — vértices terminais — representam fatos inferidos sobre o objeto e compreendem diagnósticos possíveis para o problema;

— cada arco representa a veracidade ou falsidade do vértice que o origina;

— os arcos que se originam nos vértices E e F representam sempre a veracidade do fato, porquanto estes vértices representam inferências e como tal são assumidas como verdadeiras.

A validade e a força desta representação de conhecimento pode ser ilustrada através da translação do conteúdo do grafo — isto é, do procedimento de avaria — para funções booleanas. Desta forma, o conhecimento do especialista, que é, às vezes, impreciso, incerto e heurístico, pode ser expresso de maneira formal e manuseado de acordo com princípios lógicos associados com cálculo de predicados de primeira ordem, com propriedades desejáveis para o desenvolvimento de sistemas de dedução baseados em regras.

O grafo da Fig. 22 pode ser expresso pelas seguintes funções lógicas:

$E = B \wedge A$
$F = C \wedge \neg A$
$G = \neg C \wedge \neg A$
$H = D \wedge B \wedge A$
$I = \neg D \wedge B \wedge A$
$I = J \wedge E$
$L = J \wedge E$
$M = K \wedge F$

Cabe ao leitor completar e conferir com as regras.

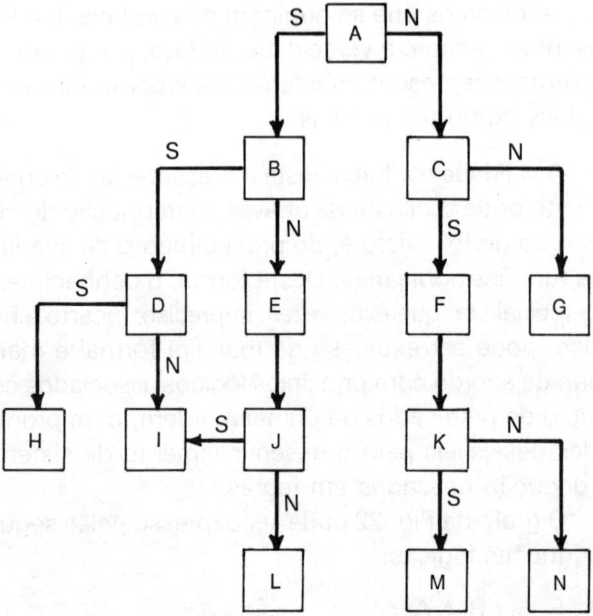

Fig. 22 — Grafo para modelar procedimento de avaria.

O grafo da Fig. 22 pode igualmente ser expresso por regras do tipo SE-ENTÃO, que é a abordagem escolhida para o problema de diagnósticos. As regras oriundas do grafo são as seguintes:

Regra 1 SE: ¬B e
A
ENTÃO: E

Regra 2 SE: C e
¬A
ENTÃO: F

Regra 3 SE: ¬C e
¬A
ENTÃO: G

Regra 4 SE: D e
B e
A
ENTÃO: H

Regra 5 SE: ¬D e
B
ENTÃO: I

Regra 6 SE: J e
E
ENTÃO: I

Regra 7 SE: ¬J e
E
ENTÃO: L

Regra 8 SE: K e
F
ENTÃO: M

Regra 9 SE: ¬K e
F
ENTÃO N

Capítulo 5

Interfaces Inteligentes

5.1 Justificativa

A comunicação homem/máquina tem sido o objetivo maior da Informática nos últimos anos. Interfaces amigáveis têm sido colocadas nos sistemas tradicionais de processamento de dados. Linguagens de 4.ª geração foram criadas para proporcionar aos usuários finais (e mesmo usuários especializados) uma comunicação fácil com os diversos sistemas. São sistemas de "janelas" onde o usuário só tem que selecionar o cursor no ponto desejado e teclar "enter", o resto o sistema faz. Microcomputadores tem cada vez mais sistema de figuras (ícones) onde o usuário visualiza o que quer fazer (jogar fora um arquivo é levá-lo para uma figura que representa uma lista de lixo). Cada vez mais o usuário final precisa saber menos sobre linguagem de máquina, funcionamento de computadores, linguagens de computadores, etc. A tendência é a máquina adaptar-se a seu usuário. E como o usuário, em geral, entende melhor sua linguagem corrente, como é o caso no Brasil e em Portugal do Português; nos EUA, Inglaterra e Canadá (embora certa parte fale Francês) do Inglês; na França e na Bélgica do Francês, cada cidadão se comunicará com a máquina preferencialmente na sua própria língua.

Portanto, necessitaremos desenvolver interfaces inteligentes independentes do funcionamento dos computadores (que ficará transparente para os usuários).

5.2 A Comunicação Usando Técnicas de IA*

A comunicação homem/máquina (computador) pode ser feita de várias formas. No computador de 5.ª geração 9 poderá ter as seguintes interfaccs inteligentes:

a reconhecer ou gerar um texto escrito ou falado

b visão por computador e processamento de imagem

---

* VERBO é uma interface em linguagem natural (Português) para consultas a Banco de Dados — produto da TECSIS.

Reconhecer ou gerar um texto escrito ou falado

As pesquisas, hoje em dia, já nos permite imaginar que a interface homem/máquina daqui a uns cinco anos poderá ser feita oralmente. Hoje comandos em linguagem natural já são interpretados pelas máquinas (são programas naturalmente) e executados, sem que sejam escritos em linguagens computacionais. As interfaces em linguagem natural como o Q&A americano ou o VERBO (interface brasileira) são realidades de produtos no comércio.

Visão por computador e Processamento de Imagem

É uma área de IA que é usada, de uma forma mais simples, para interpretação automática, de fotos por satélite e de uma forma mais complexa da visão de robôs. As pesquisas nessa área remontam à década de 60 pela NASA nos EUA.

Hoje o Departamento de Comércio americano pode interpretar as fotos de seus satélites e estabelecer, por exemplo, se existe geada nos cafezais brasileiros, ou determinar a alta dos preços nos principais mercados mundiais.

5.2.1 Computadores Especiais com Representação de Conhecimento Embutida

No quadro a seguir o leitor encontrará uma tabela de computadores que já contêm interfaces inteligentes, com o tipo de representação de conhecimento embutido e nas técnicas de inferências; essa tabela é encontrada na referência bibliográfica [46].

Representação de Conhecimento	Técnica de Inferência (Técnica de raciocínio)	Máquina (computadores)
Lógica de predicados	RESOLUÇÃO	FGCS (Prolog)
Sistemas de produção	Encadeamento para frente	DADO (paralela e distribuída)
Quadro	Procedural	APIARY
Redes Semânticas	Propagação	NETL (paralela)
Redes Neurais *	Minimização energética	Boltzmann (paralela)

5.2.2 Interfaces Inteligentes e Aplicação

As interfaces inteligentes de entrada e saída para os sistemas de IA podem ser resumidas no quadro a seguir:

* Redes Neurais estão sendo aplicadas com sucesso.

Sistema e seu criador	Composição da Arquitetura	Aplicação	Estado Atual
Máquina Harpy Carnegie Mellon University Ptisburg	Múltiplos microprocessadores, acessando uma memória compartilhada através de uma "bus" comum	Reconhecimento da fala, processamento de linguagem natural. Tradução automática	Implementada usa cinco microprocessadores.
Butterfly BBN, Inc., Cambridge, Mass.	Uma máquina MIMD consistindo de até 256 processadores/memória com os nós interconectados através de uma rede de chaveamento butterfly	Fabricada em 1985.	Fabricada em 1985
Warp Carnegie Mellon University	Um "systolic array" linear de processadores programáveis	Processamento de imagem, visão para veículos autônomos	Sistema com dez (10) processadores operacional em 1986

5.2.3 Reconhecimento da Fala, Tradução Automática e Processamento de Linguagem Natural

No início da década de 80 foram introduidos os primeiros sistemas comerciais de reconhecimento da fala, que trabalhavam com vocabulários bastante limitados, cerca de 200 palavras. O projeto Kayak da França era uma experiência desse tipo que pudemos experimentar no SICOB (equivalente ao Congresso SUCESU brasileiro) de 1982, em Paris. Na Sucesu de 1986, no Rio, a IBM demonstrou uma placa que, colocada no IBM-PC/AT, fazia reconhecimento limitado de voz.

O reconhecimento da fala, assim como o reconhecimento de padrões visuais em um sentido mais amplo, requer grande poder computacional. Em face desses requisitos, tais sistemas eram pouco difundidos até pouco tempo atrás. Entretanto, hoje a tecnologia de processadores rápidos com novas arquiteturas (vide item 5.2.2), aliada a mecanismos de armazenamento óticos, se desenvolveram e o poder computacional das máquinas já possibilita a execução comercial de alguns desses sistemas.

Dentre os problemas associados ao reconhecimento da fala, um deles consiste no fato de o computador não possuir atualmente a capacidade de reconhecer o intervalo entre as palavras. Ou seja, enquanto uma pessoa identifica facilmente a existência de duas palavras, mesmo quando elas são pronunciadas sem separação, o computador não é capaz de tal discernimento. A IBM dispõe atualmente de um sistema de datilografia capaz de receber ditados em viva-voz. Entretanto, a sua operação requer um período de aprendizagem do equipamento, no qual o operador lê para a mesma um texto predeterminado, o que possibilita a sintonia entre a fala do operador e a máquina. Além do mais, o vocabulário de tais máquinas é limitado atualmente, cerca de 5.000 palavras, e o operador deve ser treinado por uma fonoaudióloga para melhor articular as palavras.

Para complicar ainda mais, além das dificuldades fonéticas, existem aquelas de ordem semântica, ou relacionadas com o contexto do discurso. Quando se dita para o computador que "o cons (c)erto) foi bom" ele não consegue discernir se é um conserto de uma TV ou concerto musical. Em busca da superação de tais obstáculos o desenvolvimento de sistemas de reconhecimento da fala faz uso intensivo de tecnologias associadas a IA.

5.3 Tradução Automática

Foi um dos primeiros objetivos da aplicação de técnicas de IA. Há 32 anos atrás os pesquisadores que tinham no Solucionador Geral dos Problemas (GPS) a sua bandeira, acenaram com a possibilidade de resolver o problema de Tradução Automática. O governo americano deu verbas e a Inteligência Artificial ganhou fama e saiu das Universidades (nessa época nem chegou a entrar no Brasil). O problema não foi resolvido e IA voltou ao banco de escolas, para só sair novamente na década de 80.

Os japoneses pesquisam I.A. há muito tempo e esse assunto foi enfatizado no seu projeto de computadores de 5ª geração. Este projeto mexeu com os brios dos americanos e por isso existem hoje vários projetos, patrocinados pelo Departamento de Defesa americano, de Inteligência Artificial, máquinas paralelas, sistemas especialistas, etc. O empresariado americano acreditou na aplicação das técnicas de IA e as usa no seu dia-a-dia, melhorando o seu desempenho e por conseguinte seus lucros.

5.3.1 Processamento de Linguagens Naturais

O objetivo final da comunicação homem/máquina é possibilitar que os homens, através de sua linguagem corrente (natural), sejam capazes de programar um computador, ou seja, qualquer pessoa, capaz de descrever o problema (expressar o que ela quer), será também capaz de programar um computador para realizar tal tarefa. Pois bastará descrever o problema relatando os fatos que conhece e fazer as perguntas que forem necessárias. Até o ano 2000 espera-se que isto seja uma realidade. Isso hoje já é feito, em parte, em Programação em Lógica usando o PROLOG, como mostramos no capítulo 1, e o produto VERBO.

Não obstante as dificuldades, existem atualmente algumas aplicações de linguagem natural em ambientes restritos. A emisssão de determinados comandos a uma máquina em uma fábrica, o controle de determinados equipamentos por pessoas portadoras de deficiência física, o controle de uma aeronave, dentre outras aplicações, são alguns exemplos, juntamente com os Sistemas Especialistas. Os sistemas em linguagem natural estão sendo desenvolvidos no Brasil para atuarem como (conselheiros) médicos, conserto e manutenção de equipamentos e aplicação de análise de investimento. Usos futuros poderão ser localizados nas aplicações em ensino inteligente por computador.

5.3.2 Tecnologia de Processamento de Linguagem Natural (P.L.N.)

O processamento das linguagens humanas pelo computador passa pelas seguintes fases:

	ANÁLISE GRAMATICAL
FORMALIZAÇÃO	ANÁLISE SEMÂNTICA
	ANÁLISE PRAGMÁTICA

5.3.2.1 Análise Gramatical

Um programa denominado GRAMÁTICA (que representa a gramática escolhida para representar as frases do contexto em questão) gera uma estrutura onde a função de cada palavra e de cada expressão é deixada explícita.

```
/* S __ S — predicado */
/* A __ artigo: S __ Substantivo */
/* Ar __ artigo: Ad __ adjetivo */
/* G __ gênero: N __ número (singular ou plural) */
/* ABREVIATURAS

frase (frase(S,P)): __ sujeito (S,N), predicado (P,N).
sujeito (sujeito)

frase (frase (S,P)) __ sujeito (S,N), predicado (P,N).

sujeito (sujeito(A,S), N) __ artigo (A,G,N), substantivo
(S,G,N).
```

sujeito (sujeito(Ar,Ad,S) ,N) __ artigo (Ar,G,N),adjetivo (Ad,G,N).
substantivo (__S,G,N).
sujeito (sujeito(Ar,S,Ad) __ artigo (Ar,G,N), substantivo (S,G,N).
adjetivo (Ad,G,N).

predicado (predicado (V,C) ,N) __ verbo (V,N), complemento (C,N1).

complemento (complemento (C) ,N) __ advérbio (C).
complemento (complemento (C) ,N) __ substantivo (C,G,N)
complemento (complemento (Ar,S) ,N)
artigo (Ar,G,N), substantivo (S,G,N)
complemento (complemento (Ar,Ad,S) ,N)
artigo (Ar,G,N), adjetivo (Af,G,N) ,substantivo (S,G,N).

artigo (artigo(o) ,m,s) [o]
artigo (artigo(a) ,f,s) [a]
artigo (artigo(os) ,m,p,) [os]
artigo (artigo(as) ,f,p) [as].

substantivo (substantivo(homem) ,m,s) [homem].
substantivo (substantivos(homens) ,m,p) [homens].
substantivo (substantivo(mulher) ,f,s) [mulher].
substantivo (substantivo(mulheres) ,f,p) [mulheres].

```
substantivo (substantivo(gato) ,m,s)   [gato].
substantivo (substantivo(gatos) ,m,p)   [gatos].
substantivo (substantivo(gata) ,f,s,)  [gata].
substantivo (substantivo(gatas) ,f,p)  [gatas].
substantivo (substantivo(rato) ,m,s)  [rato].
substantivo (substantivo(rata) ,f,s)  [rata].
substantivo (substantivo(ratos) ,m,p)   [ratos].
substantivo (substantivo(ratas) ,f,p)  [ratas].
adjetivo (adjetivo(grande) ,-,s)  [grande].
adjetivo (adjetivo(grandes) ,-,p)  grandes.
adjetivo (adjetivo(amarelo) ,m,s)  amarelo.
adjetivo (adjetivo(amarela) ,f,s)  amarela.
adjetivo (adjetivo(amarelos) ,m,p)  amarelos.
adjetivo (adjetivo(amarelas) ,f,p)  amarelas.
verbo (verbo(constroem) ,p)  constroem.
verbo (verbo(constrói) ,s)  constrói.
verbo (verbo (comeu) ,s)  comeu.
verbo (verbo(comeram) ,p)  comeram.
```

A execução desse programa chamado gramática é da seguinte forma:

```
:frase(S, [o,homem,comeu,o,gato] ,[])?
```

O sistema processará a frase segundo a GRAMÁTICA e o dicionário existente a responderá:

S = frase (sujeito(artigo(o),substantivo(homem),
predicado (verbo(comeu),
complemento(artigo(o)
substantivo(gato))))

5.3.2.2 Formalização

Colocar a estrutura gerada pela análise gramatical em uma forma com a qual linguagens lógicas conseguem trabalhar. A frase: "O homem comeu o gato" é formalizada assim: "homem(x) ,gato(y) ,comeu(x,y)."

A formalização não pode ser tão simples.

comeu(homem,gato) para **O homem comeu o gato.**

comeu(cobra,gato) para **A cobra comeu o gato.**

Pois se assim for, o PROLOG interpretará que o mesmo gato foi comido pelo homem e pela cobra.

Para resolver esse problema, Colmerauer criou regras para formalização. Essas regras foram usadas no sistema de Processamento de Linguagem Natural do IME, cuja descrição e Implementação são encontradas na bibliografia [25], e mais tarde usadas no VERBO.

5.3.2.3 Análise Semântica

Traduz-se a frase formalizada para uma linguagem de conceitos.

O resultado da análise semântica deve ser armazenado em estruturas de representação do conhecimento tais como QUADROS, REDES SEMÂNTICAS ou mesmo programas em PROLOG. No caso de QUADROS, você pode seguir os passos abaixo:

a. Crie QUADROS para nomes próprios que ainda não possuírem um.
b. Localize as informações dos objetos determinados e de suas relativas.
c. Crie um QUADRO para cada ação principal e para cada objeto indeterminado.

Exemplo:

Tiago viu um cão.
Um QUADRO para Tiago
   tiago (agente,valor,ato1)
   tiago (ag,valor,homem).

Um QUADRO para CÃO.
   cão 1 (foco,valor,ato1).
   cão (ag,valor,cão).

UM QUADRO para ato1.
ato 1 (ação,fundamental,perceber).
ato 1 (órgão,fundamental,olhos).
ato 1 (agente,fundamental,tiago).
ato 1 (foco,fundamental,cão 1).
ato 1 (tempo,complemento,passado).

Nomes determinados e suas relativas são usadas para localizar objetos.

O cão que Tiago viu nada.
"Cão (X) & percebeu (tiago,X,olhos) & nada (X)"
localiza cão 1

QUADROS

ato 3 (ação,fundamental,mover).
ato 3 (agente,fundamental,cão 1).
ato 3 (paciente,fundamental,cão 1).
ato 3 (local,fundamental,água).

5.3.2.4 Análise Pragmática

Aceita-se ou recusa-se uma interpretação baseando-se em conhecimento que se tem sobre objetos e ações.

Exemplo 1

O cão comeu a carne de Mirna.

cão(X) & (carne(Y) & proprietário(Mirna,y) & comeu (x,y).

Usou-se aqui um conhecimento pragmático do mundo, pois pessoas geralmente são proprietárias de objetos tipo carne.

Exemplo 2

Um chinês comeu o queijo de Minas

Chinês(X) & queijo(y) & origem(y, Minas) & comeu (x,y).

Usou-se aqui um conhecimento pragmático do Brasil, pois o Estado de Minas é famoso por seus queijos.

Exemplo 3

Antonio viu um astrônomo vindo do Rio com um telescópio.

''astrônomo (x) & viu (Antonio,x) & veio(x,Rio) & telescópio (y) & carregava (x,y)''

Foi introduzido na análise pragmática que era o astrônomo que carregava o telescópio.

Exemplo 4

Antonio viu uma mulher trocando de roupa com um telescópio.

"mulher (x) & trocava (x, roupa) & viu(Antonio,x) & telescópio (y) & usava (Antonio,y)".

Pois é provável, pelo conhecimento do mundo, que antonio use um telescópio para ver uma mulher trocar de roupa.

5.4 Interfaces Inteligentes para Sistemas Gerenciadores de Banco de Dados

A maneira que associamos Banco de Dados e IA é a da utilização de regras (conhecimentos gerais) que disciplinam sua recuperação e atualização. Essas regras incorporam, **de forma declarativa,** o conhecimento de especialistas na área de aplicação.

Como já conhecemos algo sobre Programação Lógica, podemos comparar com Banco de Dados, pois podemos em ambos os casos **representar** várias ocorrências de vários tipos de **fatos** (conhecimentos momentâneos). Essa comparação é especialmente aplicável quando se considera o modelo relacional de dados (banco de dados tem forma de tabelas que é um conjunto de duplas) e cada nome da tabela corresponde a um símbolo predicativo, cuja aridade é o número de colunas da tabela, e cada dupla da tabela corresponde a uma fórmula atômica básica.

Observa-se que a pesquisa em sistemas especialistas de Banco de Dados está no seu início. A ligação de programação em Lógica e aplicações de banco de dados de grande porte envolve problemas de eficiência que devem de ser resolvidos antes de serem usados de forma corrente.

As interfaces em linguagem natural (no nosso caso Português), para recuperação de informação em Banco de Dados já estão chegando ao mercado. "Intellect" é um produto para SGBD da IBM (língua inglesa), as empresas de IA podem desenvolver as interfaces de forma restrita (pequeno dicionário). O VERBO criado pela TECSIS é uma interface comercial, criada no Brasil.

Bibliografia

1. BUCHANAN, G.B. et al. – **Constructing an Expert System, in Building Expert Systems.** Addison-Wesley, Reading, Massachusetts, 1984.
2. CASANOVA, M.A.; FURTADO, A.L. e GIORNO, F.A.C. – **Programação em Lógica.** Editora Campus, 1987.
3. CHANG AND LEE – **Symbolic Logic and Mechanical Theorem Proving.** Academic Press, 1973.
4. COSTA, O.J.S. – **Um Sistema Especialista para Microcomputadores.** Tese de Mestrado, Instituto Militar de Engenharia (IME), Rio de Janeiro, 1985.
5. CUNHA, P.C.F.S. – **Um Sistema Inteligente em LISP.** Tese de Mestrado, Instituto Militar de Engenharia (IME), Rio de Janeiro, 1985.
6. DA CUNHA, C.R. – **Representação do Conhecimento.** Tese de Mestrado, Instituto Militar de Engenharia (IME), Rio de Janeiro, 1984.
7. DARGAM, F. – **Um Sistema Especialista Aplicado à Guerra Eletrônica.** Tese de Mestrado – IME/INF, 1989.

8. FEIGENBAUM, E.A. e MCCORDUCK – **The fifth generation (5.ª geração de computadores) – Inteligência Artificial e os computadores japoneses** – a signet book, 1984.

9. HAYES-ROTH, F.; WATERMAN, D.A. e LENAT, D.B. – **An Oversiew of Expert Systems, in Building Expert Systems.** Addison-Wesley, Reading, Massachusetts, 1984.

10. JORGE, R. – **O Sistema Pode Aprender com o Especialista.** Tese de Mestrado – IME/INF, Rio de Janeiro, 1989.

11. KASAKEWITCH, A.C. – **Controle de Processo e IA.** Tese de Mestrado – IME/INF, Rio de Janeiro, 1989.

12. LESCORT, A. – **Intelligence Artificielle et Systemes Experts.** Cedic/Nathan, Paris, 1985.

13. LEVINE, R.I.; DRANG, D.E. e EDELSON, B. – **A Comprehensive guide to AI and Expert Systems.** McGraw-Hill Book Company, 1986.

14. LIMA, L. – **Uma Interface Inteligente.** Tese de Mestrado – IME/INF, 1989.

15. LORENZONI, E. – Tese de Mestrado, Instituto Militar de Engenharia (IME), Rio de Janeiro, 1982.

16. LORENZONI, E. – **Uma Ferramenta para Desenvolvimento de SE.** Tese de Mestrado (IME), Rio de Janeiro, 1987.

17. MILLER-JACOBS, H.H. – **ACES: Airborne Communications Expert Systems for Managing Airborne Military – Expert Systems in Government Symposium.** McLean,Virginia, 1985.

18. NILSSON, N.J. – **Principles of Artificial Intelligence.** Tioga Press, Palo Alto, CA, USA, 1980.

19. PASSOS, E.P.L. – **Notas de Aula.** Instituto Militar de Engenharia (IME), Rio de Janeiro, 1983.

20. PASSOS, E.P.L. – **Demonstração Automática de Teoremas em Lógica.** Tese de Mestrado, PUC/RJ, 1971.

21. PASSOS, E.P.L. – **Introduction to Mechanical Theorem Proving.** Congresso da Sucesu, 1972; Congresso Ibero-Americano, 1972; Departamento de Informática da PUC/RJ, Monographs n.º 11/71.

22. PASSOS, E.P.L. – **Some results and experiments about theorem proving.** 5.º Congresso de Informática e Automática, Madrid, Espanha, 1982. Anais.

23. PASSOS, E.P.L. – **Gerador e Provador de Teoremas.** Revista da Sociedade Brasileira de Computação, n.º 1, volume 2, 1982.

24. PASSOS, E.P.L. – Tese de Doutorado de 1981 na COPPE/UFRJ.

25. PASSOS, E.P.L. e ASSIS, F.S. DE – **Tradutor para Estruturas Lógicas e Interpretador Semântico.** 3.º SBIA (Simpósio Brasileiro de Inteligência Artificial) – IME-RJ, 1986. Anais.

26. PASSOS, E.P.L. e CARVALHO, R.L. – **A Complete Strategy for Resolution – based Theorem Provers – An Evaluation of an Implementation.** Departamento de Informática da PUC/RJ – Monographs n.º 15/78; Publicado também pela: Spring-Verlag em livro em dezembro de 1978. Textos do 4th International Congress of Cybernetics and System. Título do livro: Current Topics in Cybernetics and Systems.

27. PASSOS, E.P.L. e CARVALHO, R.L. – **Theorem Proving in Conservative Extensions of Theories.** 10.ª Conferência Latino-Americana de Informática – Panel 84 – Viña del Mar/Chile, abril, 1984. Anais.

28. PASSOS, E.P.L. e CARVALHO, R.L. – **Theorem Proving: A new and Complete Strategy for Resolution.** 6th International Congress Cybernetics and Systems of the WOGSC, Paris, França, setembro, 1984. Anais.

29. PASSOS, E.P.L.; CARVALHO, R.L. e PION, M.M.B. – **Interactive System to construct minimal model to the Herbrand Universe.** EMCR80 Fifth European Meeting on Cybernetics and System Research 1980, Áustria, abril, 1980.

30. PASSOS, E.P.L. e CORDEIRO, J.L. – **Prologs start out in Brasil.** Conferência SPIE-86 – Artificial Inteligence. Orlando, FL, USA, abril, 1986. Anais.

31. PASSOS, E.P.L. e FERREIRA, P.C. – **Intelligent System in LISP for information retrieval applied to the Paleontology of the Amazon Basin.** Insbruck, Áustria, 1986. Anais.

32. PASSOS, E.P.L. e GALDA, G.G. – **Theorem Proving, using Quantifier Elimination for Theorem for densely ordered without first or last element.** Departamento de Informática PUC/RJ – Monographs n.º 6/72; 2nd. International Congress of Cybernetics and Systems. Oxford, Inglaterra, agosto, 1972. Publicado no Livro – Advances in Cybernetic and Systems – Vol. 1 – 1974 – Gordon and Breach Science Publishers.

33. PASSOS, E.P.L.; LANZELLOTE, R.S.G. e CARVALHO, R.L. – **MTD a Conversational System Oriented for Topology.** EMCRJ80 Fifth European Meeting on Cybernetics and System Research, 1980, Áustria, abril, 1980.

34. PASSOS, E.P.L. e SILVEIRA, G.G. – **Application of Quantifier Elimination to Mechanical Theorem Proving – Implementation.** Departamento de Informática da PUC/RJ – Monographs n.º 2/74; Publicado também em livro pela North-Holand em 1976, título do livro: "Modern Trends in Cybernetics and System"; textos do 3th International Congress of Cybernetics and System, Bucarest, Romênia, 1975.

35. PORTO, S. – **Elementos de Desenvolvimento de Auxílios de Trabalho Baseados em IA.** Tese de Mestrado, IME/INF, Rio de Janeiro, 1989.

36. RIBEIRO, H.C.S. – **Um Sistema Especialista para Diagnósticos Médicos.** Tese de Mestrado, Instituto Militar de Engenharia (IME), Rio de Janeiro, 1985.

37. RICH, E. – **Artificial Inteligence.** McGraw-Hill, 1983.

38. SLAGE, J.S. e HAMBURGER, H. – **An Expert System for a Resource Allocation Problem.** Communications of the ACM, 1985.

39. SMITH, H.R.; FINK, P.K. e LUSTH, J.C. – **Intelligent Tutoring using the Integrated Diagnostic Model (IDM): An Expert System for Diagnosis and Repair.** Expert Systems in Government Symposium, McLean, Virginia, 1985.

40. SOARES, M. – **IA no Treinamento de Empregados na Empresa.** Tese de Mestrado, IME/INF, Rio de Janeiro, 1989.

41. SOUTO, A.R. – **Um Sistema Especialista para Diagnóstico de Carro de Combate.** Tese de Mestrado, IME/INF, 1987.

42. TANNER, M.C. e BYLANDER, T. – **Application of the CSRL Language to the Design of Expert Diagnosis Systems: the AUTO-MECH Experience.** Proceedings of the Joint Services, Denver, Colorado, 1984.
43. WATERMAN, D.A. – **A Guide to Expert Systems.** Addison-Wesley, Reading, Massachusetts, 1986.
44. WINSTON, P.H. – **Artificial Intelligence.** Addison-Wesley, Reading, Massachusetts, 1984.
45. ZYMELMAN, A.S. – **An AI Technology Insertion Experiment with Analyst.** Expert Systems in Government Symposium, McLean, Virginia, 1985.
46. **COMPUTER** – I.E.E.E. New AI Systems: Harnessing the Combinatorial Explosion, janeiro, 1987.
47. **PATER – Manual do Usuário.** Tecsis, 1987.

COLEÇÃO "**A ERA DA INFORMÁTICA**"

Coordenador Geral:
Luiz de Castro Martins, MSc, PUC/RJ
Coordenador de Software do Laboratório de Comunicação Científica/CNPq

Série "**Aplicações da Informática**"
Coordenador:
Paulo M. Bianchi França, Ph.D., VC. Berkeley
Analista, Núcleo de Computação Eletrônica da UFRJ
Professor Adjunto, Instituto de Matemática da UFRJ
Diretor de Ensino do IBPI

Série "**Tópicos Avançados da Informática**"
Coordenador:
Daniel Schwabe, Ph.D., UCLA
Professor Associado do Departamento de Informática da PUC/RJ

Série "**Fundamentos da Informática**"
Coordenador:
Luiz Julião Braga Filho
Consultor da Fundação Padre Leonel Franca da PUC/RJ

